新能源汽车检测与维修专业技能人才培养工学一体化课程教材

新能源汽车高压系统检查与维护

魏垂浩 陈志强 / 主 编
孙茂华 / 副主编
高窦平 / 主 审

人民交通出版社
北京

内 容 提 要

本书是新能源汽车检测与维修专业技能人才培养工学一体化课程教材之一。其主要内容包括新能源汽车高压下电与检验、动力蓄电池系统的检查与维护、驱动电机系统的检查与维护、充电系统的检查与维护、高压配电系统的检查与维护。

本书可作为技工院校预备技师、中高级工层级新能源汽车检测与维修专业教材，可用作中高职院校新能源汽车技术专业教材，也可作为新能源汽车维修人员及相关技术人员参考使用。

本教材配套数字资源，读者可免费扫码观看和在线学习；本教材同时配有教学课件，教师可通过加入汽车技工研讨群（QQ:428147406）获取。

图书在版编目（CIP）数据

新能源汽车高压系统检查与维护/魏垂浩,陈志强主编.—北京:人民交通出版社股份有限公司,2025.1.(2025.7重印)—ISBN 978-7-114-19752-9

Ⅰ．U469.7

中国国家版本馆 CIP 数据核字第 20245TJ433 号

书　　名：	新能源汽车高压系统检查与维护
著 作 者：	魏垂浩　陈志强
责任编辑：	郭　跃
责任校对：	赵媛媛　魏佳宁
责任印制：	张　凯
出版发行：	人民交通出版社
地　　址：	（100011）北京市朝阳区安定门外外馆斜街 3 号
网　　址：	http://www.ccpcl.com.cn
销售电话：	（010）85285911
总 经 销：	人民交通出版社发行部
经　　销：	各地新华书店
印　　刷：	北京市密东印刷有限公司
开　　本：	787×1092　1/16
印　　张：	13.25
字　　数：	275 千
版　　次：	2025 年 1 月　第 1 版
印　　次：	2025 年 7 月　第 2 次印刷
书　　号：	ISBN 978-7-114-19752-9
定　　价：	42.00 元

（有印刷、装订质量问题的图书，由本社负责调换）

编审委员会名单

主 任 委 员 文爱民
副主任委员 戴良鸿　沐俊杰　魏垂浩
委　　　员 （按照姓氏笔画排序）
广禹春　王玉彪　王　杰　王　瑜　王　雷
毛红孙　朱建勇　刘　卯　刘　宇　刘轩帆
刘　健　刘爱志　刘海峰　汤　彬　许云珍
杨雪茹　李长灏　李永富　李学友　李　轶
肖应刚　吴　飞　张　薇　陈志强　陈李军
陈金伟　陈新权　孟　磊　郝庆民　姚秀驰
夏宝山　晏和坤　高窦平　郭志勇　郭　锐
郭碧宝　唐启贵　黄　华　黄辉镀　彭红梅
彭钰超　解国林　樊永强　樊海林

前言
Preface

为进一步贯彻落实《关于深化技工院校改革 大力发展技工教育的意见》《技工教育"十四五"规划》《推进技工院校工学一体化技能人才培养模式实施方案》等文件精神，对接汽车产业发展新趋势，满足新能源汽车领域高质量发展对高素质技术技能人才的需求，人民交通出版社特组织江苏汽车技师学院、广西交通技师学院、贵州交通技师学院、杭州技师学院、浙江交通技师学院、江苏省交通技师学院、广西工业技师学院、北京汽车技师学院、日照技师学院等20余所院校，共同编写了新能源汽车检测与维修专业技能人才培养工学一体化课程教材。

工学一体化培养模式是依据国家职业技能标准及技能人才培养标准，以综合职业能力培养为目标，将工作过程和学习过程融为一体，培育德技并修、技艺精湛的技能劳动者和能工巧匠的人才培养方式。本套教材秉承上述理念，落实《技工院校教材管理工作实施细则》，遵循知识和技能并重的改革方向，根据技工教育的特点以及技工院校学生的学习情况进行编写，具有以下特点：

（1）教材编写依据最新发布的《新能源汽车检测与维修专业国家技能人才培养工学一体化课程标准》，贯彻以学生为中心、以能力为本位的教学理念，构建难度适当的理论知识体系，以学生的实操内容及职业素养培养为核心，围绕典型学习任务设计教材任务、活动，突出知识的实用性、综合性和先进性。教材按照六步法"资讯、计划、决策、实施、检查、评估"编写而成，充分实现思想政治教育、知识传授、技能培养融合统一，持续推动技工院校内涵发展和特色发展。

（2）在教材中融入了丰富的课程思政元素及党的二十大精神内容，选取国产汽车品牌进行详解，培养学生的国产品牌意识，增强民族自信，体现"培根铸魂，启智润心"的教育目标，实现思想政治教育与技术技能培养的有机结合。

（3）在教材编写过程中，充分吸纳行业、企业专家的建议，深入了解目前行业、企业对本专业人才的实际需求，由相关企业提供部分配套的教学资源和技术支持，行业企业人员真正深度参与教材编写与开发。从而进一步提高技能人才培养质量，帮助学生从学校学习到就业工作紧密衔接。

(4)部分教材配备了丰富的教学资源(纸数融合),教材的知识点以二维码的形式链接动画、视频资源,所有教材配有课件、习题及答案等,满足学生个性化学习的需求,提升教材使用体验感。

本书遵循技工院校的教学理念,采用六步一体化教学法,全面涵盖了新能源汽车高压系统检查与维护的核心知识和技能。从新能源汽车高压下电与检验、动力蓄电池系统、驱动电机系统、充电系统以及高压配电系统的检查与维护,每个环节都有详尽的操作步骤和注意事项。通过学习这本书,能够初步掌握新能源汽车高压系统检查与维护的技能和方法,为未来的工作和学习奠定基础。

本书在编写时注重理论与实践相结合。书中除了提供丰富的理论知识,还结合实际案例和实践经验,为读者提供实用的检修方法和技巧。这种教学方式将帮助读者更好地理解和掌握新能源汽车高压系统检查与维护的技能,提升读者的实践能力。

本书由江苏汽车技师学院魏垂浩、陈志强担任主编,孙茂华担任副主编,参与编写的还有江苏汽车技师学院张远杰、吉莉、王杨杨,广西工业技师学院朱汝玲。他们都是新能源汽车教学领域的资深教师,具有丰富的实践经验和教学经验。感谢他们的辛勤付出,为这本书的编写提供了有力支持。

虽然编者在编写过程中查阅了大量的书籍、文献和资料,但新能源汽车发展速度很快,以及编者水平有限,书中难免有疏漏之处。真诚地欢迎读者提出宝贵的意见和建议,帮助我们不断改进和完善这本书。再次感谢您的阅读和支持。

编　者
2024 年 7 月

目录 Contents

学习任务一　新能源汽车高压下电与检验 ⋯⋯⋯⋯⋯⋯⋯⋯⋯⋯⋯⋯⋯⋯⋯⋯⋯⋯ 1
　学习活动1　新能源汽车高压安全防护作业 ⋯⋯⋯⋯⋯⋯⋯⋯⋯⋯⋯⋯⋯⋯⋯⋯ 2
　学习活动2　新能源汽车高压下电、验电作业 ⋯⋯⋯⋯⋯⋯⋯⋯⋯⋯⋯⋯⋯⋯ 22
　学习活动3　电源隔离与触电急救作业 ⋯⋯⋯⋯⋯⋯⋯⋯⋯⋯⋯⋯⋯⋯⋯⋯⋯ 35
　习题 ⋯⋯⋯⋯⋯⋯⋯⋯⋯⋯⋯⋯⋯⋯⋯⋯⋯⋯⋯⋯⋯⋯⋯⋯⋯⋯⋯⋯⋯⋯ 43

学习任务二　动力蓄电池系统的检查与维护 ⋯⋯⋯⋯⋯⋯⋯⋯⋯⋯⋯⋯⋯⋯⋯⋯ 45
　学习活动1　动力蓄电池外部的检查与维护 ⋯⋯⋯⋯⋯⋯⋯⋯⋯⋯⋯⋯⋯⋯⋯ 46
　学习活动2　动力蓄电池内部的检查与维护 ⋯⋯⋯⋯⋯⋯⋯⋯⋯⋯⋯⋯⋯⋯⋯ 61
　学习活动3　动力蓄电池冷却系统的检查与维护 ⋯⋯⋯⋯⋯⋯⋯⋯⋯⋯⋯⋯⋯ 76
　习题 ⋯⋯⋯⋯⋯⋯⋯⋯⋯⋯⋯⋯⋯⋯⋯⋯⋯⋯⋯⋯⋯⋯⋯⋯⋯⋯⋯⋯⋯⋯ 87

学习任务三　驱动电机系统的检查与维护 ⋯⋯⋯⋯⋯⋯⋯⋯⋯⋯⋯⋯⋯⋯⋯⋯⋯ 89
　学习活动1　驱动电机及高压电控总成的检查与维护 ⋯⋯⋯⋯⋯⋯⋯⋯⋯⋯⋯ 90
　学习活动2　驱动电机冷却系统的检查与维护 ⋯⋯⋯⋯⋯⋯⋯⋯⋯⋯⋯⋯⋯ 106
　学习活动3　驱动电机减速器的检查与维护 ⋯⋯⋯⋯⋯⋯⋯⋯⋯⋯⋯⋯⋯⋯ 118
　习题 ⋯⋯⋯⋯⋯⋯⋯⋯⋯⋯⋯⋯⋯⋯⋯⋯⋯⋯⋯⋯⋯⋯⋯⋯⋯⋯⋯⋯⋯ 130

学习任务四　充电系统的检查与维护 ⋯⋯⋯⋯⋯⋯⋯⋯⋯⋯⋯⋯⋯⋯⋯⋯⋯⋯ 132
　学习活动1　慢充系统的检查与维护 ⋯⋯⋯⋯⋯⋯⋯⋯⋯⋯⋯⋯⋯⋯⋯⋯⋯ 133
　学习活动2　快充系统的检查与维护 ⋯⋯⋯⋯⋯⋯⋯⋯⋯⋯⋯⋯⋯⋯⋯⋯⋯ 143
　习题 ⋯⋯⋯⋯⋯⋯⋯⋯⋯⋯⋯⋯⋯⋯⋯⋯⋯⋯⋯⋯⋯⋯⋯⋯⋯⋯⋯⋯⋯ 154

学习任务五　高压配电系统的检查与维护 ⋯⋯⋯⋯⋯⋯⋯⋯⋯⋯⋯⋯⋯⋯⋯⋯ 156
　学习活动1　DC/DC变换器的检查与维护 ⋯⋯⋯⋯⋯⋯⋯⋯⋯⋯⋯⋯⋯⋯⋯ 157
　学习活动2　车载充电机的检查与维护 ⋯⋯⋯⋯⋯⋯⋯⋯⋯⋯⋯⋯⋯⋯⋯⋯ 168
　学习活动3　高压控制盒的检查与维护 ⋯⋯⋯⋯⋯⋯⋯⋯⋯⋯⋯⋯⋯⋯⋯⋯ 178
　学习活动4　高压附件的检查与维护 ⋯⋯⋯⋯⋯⋯⋯⋯⋯⋯⋯⋯⋯⋯⋯⋯⋯ 188
　习题 ⋯⋯⋯⋯⋯⋯⋯⋯⋯⋯⋯⋯⋯⋯⋯⋯⋯⋯⋯⋯⋯⋯⋯⋯⋯⋯⋯⋯⋯ 200

本教材配套数字资源列表 ⋯⋯⋯⋯⋯⋯⋯⋯⋯⋯⋯⋯⋯⋯⋯⋯⋯⋯⋯⋯⋯⋯⋯ 202
参考文献 ⋯⋯⋯⋯⋯⋯⋯⋯⋯⋯⋯⋯⋯⋯⋯⋯⋯⋯⋯⋯⋯⋯⋯⋯⋯⋯⋯⋯⋯ 203

学习任务一

新能源汽车高压下电与检验

学习目标

知识目标

1. 能够描述新能源汽车高压安全防护作业的内容;
2. 能够说出新能源汽车高压下电、验电作业所需要的工具;
3. 能够写出新能源汽车高压下电的流程;
4. 能够说出电源隔离与触电急救作业的流程。

技能目标

1. 能够查阅比亚迪 e5 的维修手册,在实车上找到维修开关的位置;
2. 能够通过观看绝缘万用表、绝缘手套、绝缘鞋的检查方法的视频,会查阅相关资料,写出检查过程中的注意事项;
3. 能够通过观看"新能源汽车高压下电的标准操作视频",经过小组讨论,查阅资料,制订新能源汽车高压下电的工作计划。

素养目标

1. 严格执行新能源汽车高压下电维护标准操作规范;
2. 培养严谨的高压操作安全意识;
3. 严格执行 8S 标准;
4. 整个操作体现出工匠精神,训练后能提高团队作业能力。

参考学时

18 学时

任务描述

一辆新能源汽车到达厂家规定的维护周期,到维修企业进行定期检查与维护,需要对高压系统进行检查与维护。维护前应由具备高压系统维修资质人员,对高压系统进行下电与验电,以确保维修安全。学生根据班组长(教师扮演)提供的维修工单,在维修作业前,穿戴好个人防护设备,检查并设置好维修工位的配置,以双人合作的方式,在规定时间内按厂商规定的新能源车辆维修安全操作流程及规范,对新能源汽车的高压系统进行高压下电及验电检查作业;一旦发生电气事故,监护人能够按照电气事故应急处理的流程及规范,进行电源隔离及触电急救作业,下电及验电作业完成并自检合格后,填写维修工单,交付班组长进行检验。在工作过程中,学生要遵守现场工作管理规范。

学习活动 1　新能源汽车高压安全防护作业

情境描述

小王是某比亚迪新能源汽车 4S 店的维修工,接到工作任务:维修一辆故障车辆(比亚迪 e5),需要对该车辆进行下电准备,以保证检修安全。你能告诉小王如何才能安全规范地对此车进行高压断电的前期准备吗?

任务要求

请你根据情境描述,在规定的时间内,制订新能源汽车高压安全防护作业方案并按照方案进行实施:

1. 能查阅维修手册选择工具设备;
2. 查阅维修手册等资料,制订一份尽可能详细的新能源汽车高压安全防护作业流程,并全面而细致地说明采取此方案的理由;
3. 能根据计划规范完成新能源汽车高压安全防护作业,同时列出在操作过程中需要注意的事项。

建议学时

6 学时

二、计划

知识链接

1. 高压电工作安全

1) 电流、电压

(1) 电流。

如果用一个导电材料连接两个不同的电势,则产生电流。操作电路中的开关,使电路闭合,电压越大,电流越高,电流的表示符号是 I,单位是安培,如图 1-1 所示。通过调节滑块可以改变电池电压,并看到对用电器的影响。

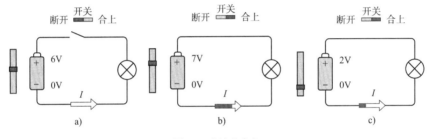

图 1-1 电流的含义

(2) 电压。

电压表示电势差,电势就好比一个相对于固定参考面的"高度势能"。如果将电势比作一栋大楼,以地面为参考平面,则一楼就是零电势,二楼就是比之前更高的一个电势。如图 1-2 所示,电势 U 是 U_2 减 U_1 的结果。因此,电压源始终有两个触点或电极,通常将其称为正极和负极。通过调节滑块会看到对电压的影响。

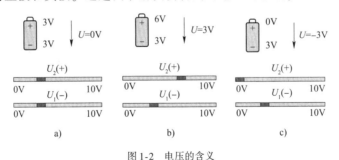

图 1-2 电压的含义

2) 高压电的危害

25V 及以上的交流电压(图 1-3)和 60V 及以上的直流电压(图 1-4)都很危险。当 5mA 以上电流流过人体时,会出现"触电反应",人会体验到刺痛感,但仍能自行脱离带电体;当 10mA 以上的电流流过人体时,即超过容许电流阈值,人体开始收缩,无法再脱离带电体,电流的停留时间显著增加;30~50mA 交流电的较长停留会导致呼吸骤停和心室纤维性颤动;超过80mA的电流穿过人体即被称之为"致命阈值"。

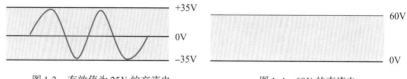

图1-3 有效值为25V的交流电　　图1-4 60V的直流电

交流电压导致交流电通过人的身体,引发肌肉组织和心脏的震颤。交流电压的频率越低,危险性越大。交流电明显更早地引发心室纤维性颤动,如不立即采取急救措施,这将导致致命伤害。

高压电系统中的三相电机通过三相交流电压运行。三相电机的输出和转速由电压电平和频率控制,所以三相电机触电非常危险,因为电机的运行频率较低。如果指定了交流电压,通常在行业中将其称为有效电压,但接触电压明显更高,具体根据交流电压的信号波形(正弦曲线或梯形)而定。

电阻根据身体构造有很大不同,规定的电阻为平均值。低压情况下人体内阻较大,如用万用表测量时。在高压电导致的高电流的情况下,人体内的电阻值将大大降低。根据触电过程中的接触点不同,对人体的影响也有很大差异,血液中含有电解质,所以具有高导电性,电阻非常低,尤其是主要血管所在处(胸部和躯干),而最大的危险是当体内的电流流经心脏时,如图1-5所示。

皮肤电阻为100kΩ至1MΩ(对于频率为50Hz的交流电,电阻为5～100kΩ),但也可降至零。当皮肤湿润或受伤时,电阻显著下降。但对于高于100V的电压,皮肤电阻接近0Ω,由此导致皮肤被完全击穿。

如图1-6所示为直接接触400V的触电事故示意图,人体电流 $I = U/R = 400V/1080Ω = 0.37A$。在交流电经过人体的情况下,在心脏的停留时间约为10～15ms,就可造成致命伤害。

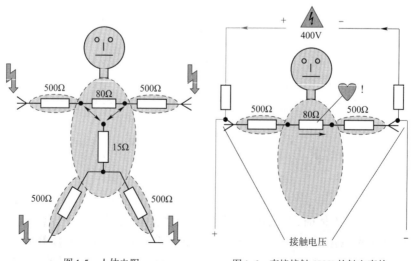

图1-5 人体电阻　　图1-6 直接接触400V的触电事故

3)电流流过人体的危害

(1)冲击反应:脱离阈值以下的冲击反应,从而通过不受控的动作和失去平衡导致受伤的风险。

(2)热反应:电流进口和出口点的灼伤和烧焦以及内部灼伤,结果是肾脏超负荷,可导致致命伤害。

(3)化学反应:血液和细胞液为电解质,通过电解方式分解,结果将导致重度中毒,直到数日之后才会发现,所以具有潜在危害性。

(4)肌肉刺激效应:人体的所有身体功能和肌肉动作是由大脑通过神经系统中的电刺激控制的。如果流经身体的电流过大,肌肉会发生痉挛,而且大脑无法再影响肌肉组织。

4)电流未流过人体的危害

(1)肤灼伤:出现短路时温度上升,可导致工具急剧加热,包括材料熔化,产生飞溅的火花,粒子温度高于5000℃,有被灼伤的危险。

(2)眼睛伤害:连接和断开活动高压电缆时形成电弧,光辐射可导致电光眼,会造成严重眼部伤害。

2. 特种作业操作证

特种作业操作证由应急管理部门颁发,特种作业人员经培训、考核合格后发证,如图1-7所示。特种作业操作证是国家规范特种作业人员的安全技术操作,提高特种作业人员的安全技术水平,防止和减少伤亡事故的基本依据。特种作业操作证的有效期是6年,每2年进行一次复审。

图1-7　特种作业操作证

3. 高压安全要求

高压安全要求在新能源汽车中,高压电气系统的工作电压在数百伏,较高的工作电压对电源系统与车辆底盘之间的绝缘性能提出了更高的要求。

1)高压电气系统可能带来的危害

(1)电源正负极引线或蓄电池通过受潮绝缘层和底盘构成漏电回路,使底盘电位上升,将影响低压电气和车辆控制器的正常工作,并且会危及乘客的人身安全。

(2)当高压电路和底盘发生多点绝缘性能严重下降时,还会导致漏电回路的热积累效应,可能造成车辆的电气火灾。

2)检测新能源汽车的高压电系统和自动断路器的工作状态及功能的参数

(1)高压电气参数:高压系统电压、电流,高压总线剩余电量。

(2)高压电路参数:动力蓄电池绝缘电阻、高压总线等效电容。

(3)非电测量参数:环境温度、湿度。

(4)数字测量参数:主要为开关量的输入和输出。

3)根据新能源汽车和人体安全标准,新能源汽车的高压安全要求

(1)人体的安全电压低于36V,触电电流和持续时间乘积的最大值小于30mA·s。

(2)绝缘电阻除以蓄电池的额定电压应大于100Ω/V,最好是能确保大于500Ω/V。

(3)对于各类蓄电池,充电电压不能超过上限电压,一般最高不超过额定电压的30%。

(4)对于高于60V的高压系统的上电过程至少需要100ms,在上电过程中,应该采用预充电过程来避免高压冲击。

(5)在任何情况下继电器断开时间应该小于20ms,当高压系统断开后1s,汽车的任何导电的部分和可接触的部分对地电压峰值应当小于42.4V(交流)/60V(直流)。

4. 个人防护用品

在对新能源汽车维修作业时,必须按照厂家维修手册要求进行。为防止作业时人体触碰到高压电,维修新能源汽车时需要佩戴个人防护用具。新能源汽车常用的个人高压防护用具包括绝缘手套、绝缘鞋、绝缘靴、绝缘服、防护眼镜、绝缘帽等,如图1-8所示。电气作业时,应使用绝缘胶布覆盖所有的高压电线或端子,在新能源汽车维修开关(也称维修塞)被拔出后,应使用绝缘胶布包住维修塞槽。

带绝缘垫的高压电工具套装

护目镜

保护1000伏以下交流电压

棉里手套

电工安全鞋

个人防护用品检查

图1-8 个人安全防护用具

在进行任何有关高压组件或线路的操作时,需要使用橡胶制成的绝缘手套,绝缘手套可防止双手触碰到高压电,这类手套通常被认为是电工手套。按照国家标准《带电作业用绝缘手套》(GB/T 17622—2008)规定,绝缘手套电压等级共分5级,0级绝缘

手套的适用电压为380V;1级绝缘手套的适用电压为3000V;2级绝缘手套的适用电压为10000V;3级绝缘手套的适用电压为20000V;4级绝缘手套的适用电压为35000V。新能源汽车用绝缘手套耐压等级需在1级以上,绝缘手套使用时要先进行测漏检查。防护眼镜可防止腐蚀液体或电弧伤害眼睛。绝缘鞋可防止高压电通过大地与人体形成导电回路,主要适用于高压电力设备方面,电工作业时作为辅助安全用具,在1kV以下可作为基本安全用具。绝缘帽可以防止头部触碰到高压电。绝缘服可以防止身体触碰到高压。

5．场地防护设备

新能源汽车常用的车间防护设备主要有防静电工作台、绝缘胶垫、灭火器、隔离带、车间警示标志等。

1）防静电工作台

防静电工作台如图1-9所示,在对新能源汽车电力电子部件或总成进行检测时,防静电工作台可防止静电击穿电力电子元器件。

2）绝缘胶垫

绝缘胶垫又称为绝缘毯、绝缘垫、绝缘胶皮、绝缘垫片,如图1-10所示。绝缘胶垫具有较大体积电阻率,耐电击穿,用于配电等工作场合的台面或铺地绝缘材料,能起到较好的绝缘效果。

图1-9　防静电工作台

图1-10　绝缘胶垫

3）灭火器

灭火器有干粉灭火器、泡沫灭火器及二氧化碳灭火器等。干粉灭火器使用方便、有效期长,一般家庭使用的灭火器都是这一类型,如图1-11所示,它适用于扑救各种易燃、可燃液体和易燃、可燃气体火灾,以及电气设备火灾;泡沫灭火器适用于扑救各种油类火灾和木材、纤维、橡胶等固体可燃物火灾;二氧化碳灭火器灭火性能高、毒性低、腐蚀性小,灭火后不留痕迹,使用比较方便,它适用于各种易燃、可燃液体和可燃气体火灾,还可扑救仪器仪表、图书档案和低压电气设备以及600V以下的电器初起火灾。

图1-11　干粉灭火器

4)隔离带

隔离带是将车辆高压电气系统的作业场地隔离,防止其他人员随意进入,起到隔离和警示的作用,如图1-12所示。

图1-12 隔离带

5)车间警示标志

车间警示标志如图1-13所示,提醒人员电气设备有高压危险。

图1-13 警示标志

6.常用工具设备

1)万用表

万用表可以用来测量电路中的电流、电压及电阻,以及测试电路的通断和测试二极管等。常用的数字万用表如图1-14所示。

2)绝缘电阻表

绝缘电阻表,也称绝缘电阻表,是电工常用的一种测量仪表,以兆欧(MΩ)为单位。绝缘电阻表主要用来检查电气设备、家用电器或电气线路对地及相间的绝缘电阻,如图1-15所示,以保证这些设备、电器和线路工作在正常状态,避免发生触电伤亡及设备损坏等事故。数字绝缘电阻表,常适用于变压器、电机、线缆、开关、电器等各种电气设备及绝缘材料的绝缘电阻测量,同时也可以显示绝缘电阻压力的实际值。

3)数字钳形表

数字钳形表是一种用于测量正在运行的电气线路中电流大小的仪表,可在不断电的情况下测量电流,是专门测量大电流的电工仪器。数字钳形表分为直流钳形表、交流钳形表和交直流钳形表三种。交直流钳形表,如图 1-16 所示,该钳形表可进行交直流电压和电流测量,在交流和直流模式下,可读取高达 1000V 的电压和 1000A 的电流,并能够测量高达 500Hz 的频率。

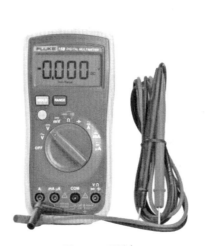
图 1-14　万用表

图 1-15　绝缘电阻表

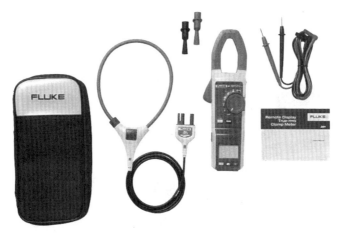
图 1-16　交直流钳形表

4)示波器

示波器是一种用途十分广泛的电子测量仪器,如图 1-17 所示,它能把肉眼看不见的电信号变换成看得见的波形,便于人们研究各种电现象的变化过程。示波器有单通道示波器、双通道示波器和多通道示波器。

5)测电笔

测电笔能够简单、方便、快捷地测量交直流电压,如图 1-18 所示。

6)直流高压放电工装

它适用于 800V 以下的电压,可用于汽车、电视等电压较高的电容放电。高压电容放电器放电时不分正、负极,只需接触好电容两极即可,如图 1-19 所示。

图1-17 示波器　　　　　图1-18 测电笔

7)绝缘工具套装

绝缘工具是指可在额定电压1000V(交流电压)和1500V(直流电压)的带电及近电工件或器件上进行维修作业的手工工具,如图1-20所示。

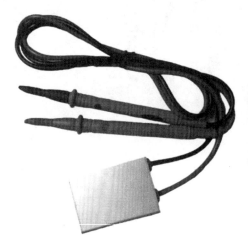

图1-19 放电工装　　　　　图1-20 绝缘工具套装

绝缘工具应该符合相应标准,其中欧盟标准 EN 60900:2012/VDE 0682 Part201《耐压最高为1000V AC 和1500V DC 的带电作业工具》已被国际电工委员会作为国际标准发布,即 IEC 60900:2012《耐压最高为1000V AC 和1500V DC 的带电作业手工工具》,而我国于2008年等同采用国际标准 IEC 60900 制定了国家标准 GB/T 18269—2008《交流1kV、直流1.5kV 及以下电压等级带电作业用绝缘手工工具》。

(1)扳手类。

开口扳手、梅花扳手、套筒扳手、活扳手等,如图1-21所示。

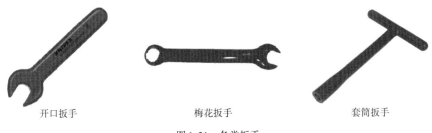

图 1-21　各类扳手

（2）螺钉旋具。

一种用以拧紧或旋松各种尺寸的槽形机用螺钉、木螺钉以及自攻螺钉的手工工具，又称螺丝刀、起子、改锥。螺钉旋具一般按旋杆顶端的刀口形状分为一字型、十字型、六角型和花型等数种，分别旋拧带有相应螺钉头的螺纹紧固件。其中以一字型和十字型（图 1-22）最为常用。

（3）手锤、手钳类。

手锤：用于敲击或锤打物体的手工工具。锤由锤头和握持手柄两部分组成。

手钳：一种用于夹持、固定加工件或者扭转、弯曲、剪断金属丝线的手工工具。钳的外形呈 V 形，通常包括手柄、钳腮和钳嘴 3 个部分，如图 1-23 所示。

图 1-22　十字型螺丝刀　　　　图 1-23　绝缘手锤（左）、手钳（右）

（4）绝缘剥线钳。

绝缘剥线钳是内线电工、电动机修理工、仪器仪表电工常用的工具之一，用来供电工剥除电线头部的表面绝缘层。剥线钳可以使得电线被剥线的部分绝缘皮与电线分开，还可以防止触电，如图 1-24 所示。

（5）绝缘电工脱皮刀。

绝缘电工脱皮刀是电工常用的一种切削工具。普通的电工刀由刀片、刀刃、刀把、刀挂等构成，主要用来削电线绝缘层，如图 1-25 所示。

绝缘工具在使用时要注意以下事项：

（1）绝缘工具应避免高温烘烤，以防手柄或绝缘层变形。

（2）在使用或存放时，应避免利器割裂绝缘层。

（3）在佩戴绝缘手套时，先戴一副棉纱手套用以吸附手汗，操作时在绝缘手套外加戴一副帆布手套或羊皮手套，以防导线或电缆的断口划破绝缘手套，从而导致电击。

（4）避免绝缘工具接触油类或溶剂类液体。

（5）绝缘工具应定期进行耐压试验。

图 1-24　鹰嘴剥线钳　　　图 1-25　绝缘电工脱皮刀

7. 高压电系统操作注意事项

（1）所有橙色电缆都带有威胁生命的高压电。

（2）不要将浇淋水管或高压清洁水管正对着高电压组件。

（3）不要让润滑油、油脂、触点喷剂等接触到高压电接头。

（4）在靠近带高压电的组件附近进行操作时，要切断系统电源。

（5）在需要使用拆卸工具或锋利工具的焊接操作之前必须将系统断电。

（6）必须防止灰尘和湿气沾染到所有断开的高压电连接装置。

（7）务必更换受损的电缆。

（8）身体上或身体内佩戴电子/医疗生命和健康维持设备（如起搏器）的人员不得操作高压电系统（包括点火系统）。

（9）所有使用的测量仪器应适当而且是经过批准的。

（10）小心操作潮湿的高压电系统。湿润的组件，尤其沾有道路用盐的组件，会有威胁生命安全的危险。

任务确认

1. 请认真阅读工作情境描述，用彩笔标记关键词，用一句话总结你需要完成的任务及要求。

工作要求

2.现需要与班组长(教师)进行沟通并确认车辆或者设备等相关信息,请你列出需要问的问题(表1-1)。

沟通问题　　　　　　　　　　　　　　　　　　　　　　表1-1

序号	问题
1	
2	
3	
4	
5	

三、决策

人员安排

请小组商量后,决定每个同学的角色及分工(表1-2)。

角色及分工　　　　　　　　　　　　　　　　　　　　　表1-2

组员	角色及分工
学员A	操作员1
学员B	操作员2(辅助)
学员C	观察记录员
学员D	安全管理员

工具准备

请根据相应的任务需求,列出所需的工具设备清单(表1-3)。

工具设备清单　　　　　　　　　　　　　　　　　　　　表1-3

序号	工具及材料名称	单位	数量	备注
1	高压防护服	件	6	
2	绝缘靴	双	6	
3	安全帽	个	6	
4	护目镜	个	6	
5	绝缘手套	副	6	
6	万用表	块	6	

新能源汽车高压系统检查与维护

续上表

序号	工具及材料名称	单位	数量	备注
7	绝缘电阻表	块	6	
8	数字钳形表	个	6	
9	绝缘工具套装	套	3	
10	车辆	台	3	

注意事项

请根据操作条件及故障诊断的需求,列举出操作时的注意事项(表1-4)。

操作注意事项　　　　　　　　　　表1-4

序号	维修工序内容	备注
1	查阅检验标准手册,查找问题,制订流程	
2	个人防护用品外观、性能及密封性检测	
3	防护用品试穿(戴)	
4	在使用前规范校准万用表	
5	在使用前规范校准绝缘电阻表	
6	在使用前规范校准数字钳形表	
7	车辆上电前要报告教师,批准后可上电	
8	严格按照规范流程操作	
9	复检	

信息归纳

1. 查阅资料,了解新能源汽车高压安全防护作业的基本要求,与小组内成员讨论,归纳总结,填写在下表中(表1-5)。

归纳基本要求　　　　　　　　　　表1-5

序号	基本要求
1	
2	
3	
4	
5	

2. 编制新能源汽车高压安全防护作业的实施流程。

相关内容记录
(1) 车辆信息记录
(2) 新能源汽车高压安全防护作业方案编制

3. 教师对各小组制订的故障检修方案进行点评，并进行修改完善。

优化后的实施方案

四 实施

新能源汽车高压安全防护作业操作流程，见表1-6。

操作流程　　　　　　　　　　　　　　　　　　　表1-6

1. 作业前场地准备	
 设立隔离栏	(1) 设立隔离栏，布置警戒线，隔离间距保持在 1~1.5m

续上表

1.作业前场地准备	
 设立警示牌	(2)设置"高压危险""有电危险""禁止合闸"等警示牌,防止他人误碰
 铺设绝缘垫	(3)铺设并检查绝缘垫
2.检查防护套装	
 检查绝缘手套	(1)检查绝缘手套并穿戴,检查外观是否龟裂老化、气密性是否良好、铭牌参数是否符合要求
 检查护目镜	(2)检查护目镜并佩戴,检查镜面是否有划痕裂纹,镜带是否松弛失效

续上表

2. 检查防护套装	
 检查安全帽	（3）检查安全帽并穿戴，检查外观有无破损，佩戴时必须紧固锁扣
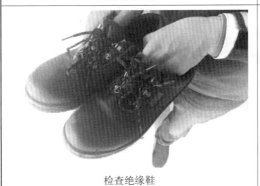 检查绝缘鞋	（4）检查绝缘鞋并穿戴，外观是否良好、是否有开胶断底等现象，如果有则更换
3. 检查仪表工具	
 检查万用表	（1）检查万用表测试线束及表笔是否破损折断，功能按钮是否正常显示，校零是否正常
 检查绝缘电阻表	（2）检查绝缘电阻表测试线束及表笔是否破损折断，功能按钮是否正常显示，开路和短路测试是否正常

续上表

3.检查仪表工具	
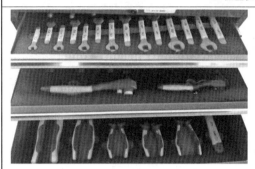 检查绝缘工具	（3）检查绝缘工具外观绝缘层是否破损严重,工具数量是否有缺失
4.记录车辆信息	
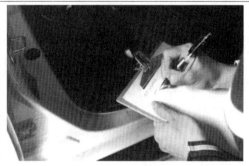 记录VIN码	记录车辆VIN码等相关信息
5.安装车内外三件套和挡块	
 安装车外三件套	（1）安装翼子板布、格栅布
 安装车内三件套	（2）安装转向盘套、座椅套、脚垫

续上表

5.安装车内外三件套和挡块	
 安装车轮挡块	（3）按照对角线方向,分别在前后车轮上位置安装车轮挡块
6.安全准备	
 检查驻车制动器和挡位	打开起动开关并落下驾驶员侧车窗,检查驻车制动器和挡位
7.恢复场地	
 恢复场地	恢复场地:按8S管理要求整理

五、检查

（1）万用表使用方法正确,并在使用前规范校准万用表。

（2）绝缘电阻表使用方法正确,并在使用前规范校准绝缘电阻表。

(3)测量操作时动作规范标准,在测量时注意不能造成电路元器件及测量工具的损坏。

(4)按照维修标准规范操作。

(5)整理,恢复作业场地。

六 评估

请根据工作过程撰写技术总结。

新能源汽车高压安全防护作业技术总结
1. 高压维修工具检查要求
2. 高压维修工具使用注意事项
3. 基本操作流程
4. 经验和不足

1. 结果检验(表1-7)。

结果检验　　　　　　　　　　　　　　　　表1-7

序号	检查项目	结果(打√或×)
1	高压维修工具检查步骤及结果正确	
2	高压维修工具使用方法正确	
3	实施过程中符合高压安全操作规范	
4	场地整理符合8S实训	

2. 根据表 1-8 进行学习过程评价表进行自评、互评、教师评价。

学习过程评价表 　　　　　　　　　　　　　　　　　　表 1-8

新能源汽车高压安全防护			实习日期：			
姓名：		班级：	学号：		教师签名：	
自评：□熟练 □不熟练		互评：□熟练 □不熟练	师评：□合格 □不合格			
日期：		日期：	日期：			
新能源汽车高压安全防护【评分细则】						
序号	评分项	得分条件	分值	评分要求	自评	互评	师评
1	安全/8S/态度	□1）能进行工位 8S 操作 □2）能进行工具安全检查 □3）能进行工具清洁、校准、存放操作 □4）能进行三不落地操作	15	未完成1项扣5分，扣分不得超过15分	□熟练 □不熟练	□熟练 □不熟练	□合格 □不合格
2	专业技能能力	□1）能正确地检查万用表 □2）能正确地检查绝缘电阻表 □3）能正确地检查数字钳形表	40	未完成1项扣5分	□熟练 □不熟练	□熟练 □不熟练	□合格 □不合格
3	工具及设备的使用能力	□1）能正确地穿戴高压安全防护用具 □2）能正确地使用绝缘维修工具	20	未完成1项扣10分，扣分不得超过20分	□熟练 □不熟练	□熟练 □不熟练	□合格 □不合格
4	资料、信息查询能力	□1）能正确地使用维修手册查询资料 □2）能正确地记录所需维修信息	10	未完成1项扣5分	□熟练 □不熟练	□熟练 □不熟练	□合格 □不合格
5	数据判断和分析能力	□1）能判断绝缘维修用品是否正常 □2）能判断损坏原因	10	未完成1项扣5分	□熟练 □不熟练	□熟练 □不熟练	□合格 □不合格
6	表单填写、报告的撰写能力	□1）字迹清晰 □2）语句通顺 □3）无错别字 □4）无涂改 □5）无抄袭	5	未完成1项扣1分，扣分不得超过5分	□熟练 □不熟练	□熟练 □不熟练	□合格 □不合格
总分：						

学习活动2 新能源汽车高压下电、验电作业

一、资讯

情境描述

小王是新能源汽车4S店的维修工,接到工作任务:维修一辆纯电动故障车辆,需要对该车辆的高压系统进行维修,为保证检修安全,你能告诉小王如何才能安全规范地对此车进行高压下电、验电操作吗?

任务要求

请你根据情境描述,在规定的时间内,完成新能源汽车高压下电、验电作业:

1. 能查阅维修手册选择工具设备;
2. 查阅维修手册等资料,制订一份尽可能详细的新能源汽车高压安全防护作业流程,并全面而细致地说明采取此方案的理由;
3. 能根据计划规范完成新能源汽车高压下电、验电作业,同时列出在操作过程中需要注意的事项。

建议学时

6学时

二、计划

知识链接

1. 新能源汽车安全措施

1)剩余电流断路器

剩余电流断路器又称为漏电保护器、漏电开关或漏电断路器,其主要作用是在设备发生漏电故障时及对有致命危险的人身触电进行保护,具有过载和短路保护功能,可用来保护电路或电动机的过载和短路,在正常情况下作为电路的不频繁转换启动之用。

2)高压互锁装置

新能源汽车高压互锁装置,如图1-26所示,也称为危险电压互锁回路。其作用是

通过使用电气小信号检查车辆高压器件、电路、插接器及护盖的电气完整性。若识别出回路异常断开时,则会在极短的时间内断开高压电,保障用户安全。

高压互锁结构示意图,如图 1-27 所示,信号回路包括两部分,一部分用于监测高压供电回路的完整性,另一部分用来监测所有高压部件保护盖是否非法开启。

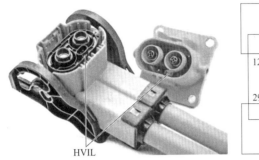

图 1-26　高压互锁装置　　　　　图 1-27　高压互锁结构图

3)绝缘电阻检测

绝缘电阻检测示意图,如图 1-28 所示。绝缘电阻的检测步骤如下:

(1)断开蓄电池和变频器的连接。

(2)绝缘电阻表的负端连接汽车的搭铁点。

(3)绝缘电阻表的正端连接电机各相的端口。

(4)在测试电压为 1000V 时(根据蓄电池电压不同而异),测量绝缘电阻。

图 1-28　绝缘电阻检测示意图

2. 新能源汽车维护作业前场地准备

(1)确保场地周边无大功率电气电磁设备,以防止对汽车电气系统的检测造成电磁干扰。

(2)为保证操作中的绝对安全,场地工作区域应设置警示标牌、标线清晰,隔离距离符合要求。

(3)车辆操作区域地面铺设绝缘垫,工作前使用专用绝缘仪器进行绝缘性能检查,确保工作过程中的安全。

(4)配备新能源汽车维护专用工具,工具安全防护等级符合要求,外观、性能完好,摆放整洁有序。

(5)消防设施有效,灭火器应设置在位置明显和便于取用的地点,摆放稳固。

(6)车轮挡块、三件套(座套、转向盘套、脚垫)、翼子板布护垫等基本维护作业材料准备齐全。

3.新能源汽车维护和检查的注意事项

(1)开始工作前,必须先断开低压电源。

(2)检查、维修任何高压配线和零件时,必须戴绝缘手套。

(3)进行高压系统操作时,应使用"高压工作,请勿靠近"的警示标牌警示其他人员。

(4)勿携带任何金属物体靠近电源,以防止上述物体掉落而引起短路,拆下高压配线后,立刻用绝缘胶带将其绝缘。

(5)务必按标准力矩将高压螺钉端子拧紧,以防止由于力矩不足或过量导致故障。

(6)高压系统作业完毕、重新安装维修开关前,应再次确认在工作平台周围没有遗留任何零件或工具,并确认高压端子已拧紧、插接器已插接。

4.新能源汽车高压操作注意事项

1)充电

车辆充电时,应按照说明书的规定进行充电。充电时,应尽量将车辆停放在室外,避免人员留在车内。充电电路需选择合适的线径,其敷设应固定安装,并要加装短路和漏电保护装置。设置专用交流电路的目的在于避免电路受损或者因给动力蓄电池充电时功率过大而导致电路跳闸保护。倘若未使用专用电路,很可能会影响电路上其他设备的正常工作。

在选择充电方式时,基于保护动力蓄电池使用寿命的考虑,应尽量采用慢充充电方式。新能源汽车采用交流电路和电源插座进行充电时,不允许使用外接转换接头、插线板等,且应使用额定电流为16A的电源插座。

2)停放

如果车辆需长时间停放,应将辅助蓄电池的负极拔下,以防止过放电。确保新能源汽车存放的环境通风情况良好,避免长时间放置于潮湿、高温、阳光暴晒等环境下。

3)使用

动力蓄电池上电前,应检查所有的电路连接是否紧固、正确,确保蓄电池电量充足,避免过放电。驾驶时,尽量避免急加速、急减速等。

4)检测

在进行检测作业前,先将高压系统断电,并与车身绝缘,DC/DC(直流/直流)变换器仍然保持高电压系统和12V车载网络之间的电力连接。如果在高电压系统或电线及12V车载网络(车辆搭铁线)之间的指定绝缘电阻达不到标准,高电压电路应直接在高电压蓄电池处断开。

5.新能源汽车安全策略

1)安全警示标志

由于新能源汽车高压系统的电压通常在300V以上,为保障人员安全,在高压元器件上贴有高压警示标志,如图1-29所示。其特点是符号的底色为黄色,边框和箭头为黑色,高压电路中的电缆和线束的外皮使用橙色加以区别,如图1-30所示。

图1-29 高压警示标志

图1-30 高压线束

2)接地保护

接地保护指将电气设备的外露可导电部件直接或通过保护导体与车辆底盘相连接,从而进行等电位连接。等电位连接后,该设备外壳和车身地为相同电位,当该设备正极发生对外壳漏电故障,人员接触到该设备带电的外壳时,由于人体被等电位连接线短路,不会有危险的电流流过,可以避免电击。

3)电气隔离

电气隔离指将电源与用电回路进行电气上的隔离,即将用电的分支电路与整个电气系统隔离,使之成为一个在电气上被隔离的、独立的不接地安全系统,以防止在裸露导体故障带电的情况下发生间接触电危险。

6.新能源汽车高压电气维修操作规范

1)维修操作要求

高压电气部件的维护和检修作业,建议设立专职监护人。由监护人监督工、量具设备的检查,劳保用品等是否符合要求,也监督作业全过程,并对作业结果进行检查,指挥供电。监护人和操作人要持证上岗。

操作人员上岗不得佩戴金属饰物(如戒指、手表、项链等),工作服衣袋内不得有金属物件(如钥匙、金属壳、笔、手机、硬币等)。

2）作业前检查

（1）检查现场环境，设置隔离，设立警示标识。

（2）检查高压防护用具：绝缘手套、绝缘帽、绝缘鞋、护目镜、绝缘垫。

（3）检查高压测量工具：检查万用表、检查绝缘电阻表。

高压下电、验电

3）关闭电源开关，钥匙放在安全处

关闭车辆点火开关，拔出钥匙并放置在安全位置，如图1-31所示。

图1-31　关闭电源开关

4）断开低压蓄电池负极线

断开低压蓄电池负极线，负极电缆接头用绝缘胶布包好。蓄电池负极桩头用盖子盖好或用绝缘胶布包好，如图1-32所示。

图1-32　断开12V蓄电池负极电缆

动力蓄电池继电器由低压蓄电池供电，当低压蓄电池负极电缆断开后，动力蓄电池继电器将无法正常工作。

5）断开维修开关并妥善保管

拆卸主驾与副驾中间的储物盒，断开维修开关，如图1-33所示。断开维修开关时需要穿戴好绝缘防护用品，并用盖子将接口封好或用绝缘胶布将维修开关接口封好。放置车辆5～10min，对新能源汽车的高压电容器进行放电。断开维修开关是为了断开蓄电池组之间的连接,进一步降低高压。

图1-33 拔出维修开关

6)断开动力蓄电池高低压线束

穿戴好绝缘防护品,先断开动力蓄电池低压线束,再断开高压线束(母线),如图1-34所示。

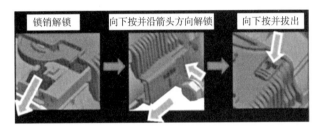

图1-34 断开动力蓄电池高压线束插头

7)验电

断开动力蓄电池母线后,等待约5~10min,进行放电操作,使用验电设备(如万用表)进行验电,如图1-35所示,确保动力蓄电池母线无电。

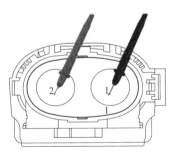

图1-35 验电
1-高压负极输出;2-高压正极输出

任务确认

1.请认真阅读工作情境描述,用彩笔标记关键词,用一句话总结你需要完成的任务及要求。

工作要求

2. 现需要与班组长(教师)进行沟通并确认车辆或者设备等相关信息,请你列出需要问的问题(表1-9)。

沟通问题　　　　　　　　　　　　　　　　　表1-9

序号	问题
1	
2	
3	
4	
5	

三、决策

 人员安排

请小组商量后,决定每个同学的角色及分工(表1-10)。

角色及分工　　　　　　　　　　　　　　　　表1-10

组员	角色及分工
学员 A	操作员1
学员 B	操作员2(辅助)
学员 C	观察记录员
学员 D	安全管理员

 工具准备

请根据相应的任务需求,列出所需的工具设备清单(表1-11)。

工具设备清单　　　　　　　　　　　　　　　　　表1-11

序号	工具及材料名称	单位	数量	备注
1	高压防护服	件	6	
2	绝缘靴	双	6	
3	安全帽	个	6	
4	护目镜	个	6	
5	绝缘手套	副	6	
6	万用表	块	6	
7	绝缘电阻表	块	6	
8	数字钳形表	个	6	
9	绝缘工具套装	套	3	
10	车辆	台	3	

注意事项

请根据操作条件及故障诊断的需求,列举出操作时的注意事项(表1-12)。

操作注意事项　　　　　　　　　　　　　　　　　表1-12

序号	维修工序内容	备注
1	查阅检验标准手册,查找问题,制订流程	
2	个人防护用品外观、性能及密封性检测	
3	防护用品试穿(戴)	
4	在使用前规范校准万用表	
5	在使用前规范校准绝缘电阻表	
6	触碰高压部件时必须穿戴绝缘个人高压防护用品	
7	将高压维修开关锁在工具车里	
8	车辆上电前要报告教师,批准后可上电	
9	严格按照规范流程操作	
10	复检	

信息归纳

1. 查阅资料,了解新能源汽车高压下电、验电作业的基本要求,与小组内成员讨论,归纳总结,填写在下表中(表1-13)。

归纳基本要求 表1-13

序号	基本要求
1	
2	
3	
4	

2. 编制新能源汽车高压下电、验电作业的实施流程。

相关内容记录
(1)车辆信息记录
(2)新能源汽车高压下电操作前需做哪些准备工作
(3)新能源汽车高压下电、验电作业方案编制

3. 教师对各小组的制订的作业方案进行点评,并进行修改完善。

优化后的实施方案

四、实施

新能源汽车高压下电、验电作业操作流程,见表1-14。

操作流程　　　　　　　　　　　　　　　　　　　　表1-14

1. 下电验电	
 保管好汽车钥匙	(1)关闭车辆点火开关,将车钥匙锁入维修柜,或实操人员保管,保证他人无法接触
 断开蓄电池负极并绝缘处理	(2)低压蓄电池负极断开后需绝缘处理
 拆卸维修开关	(3)使用绝缘工具拆卸检修开关遮板固定螺栓,佩戴绝缘手套拆下检修开关。将检修开关锁入维修柜安全存放,并在拆除后的相应位置放置标有"有电危险"的警示牌,等待5min以上

续上表

1.下电验电	
 拆卸直流母线	(4)拆卸高压配电盒直流母线 注意:遵循佩戴高压绝缘手套,注意高压危险
 测量直流母线电压	(5)测量直流母线电压 注意:遵循佩戴高压绝缘手套单手操作的原则

五 检查

(1)万用表使用方法正确,并在使用前规范校准万用表。

(2)绝缘电阻表使用方法正确,并在使用前规范校准绝缘电阻表。

(3)测量操作时动作规范标准,在测量时注意不能造成电路元器件及测量工具的损坏。

(4)拆卸高压维修开关时,确保低压蓄电池断电 5min 以上。

(5)拆卸高压部件时,佩戴绝缘手套、护目镜、绝缘帽、绝缘鞋、绝缘服。

(6)测量母线电压时,遵循单手操作的原则。

(7)按照高压安全操作标准规范进行。

(8)整理,恢复作业场地。

六、评估

活动总结

请根据工作过程撰写技术总结。

新能源汽车高压下电、验电作业技术总结
1.新能源汽车高压电气维修操作规范
2.经验和不足

活动评价

1.结果检验(表1-15)。

结果检验　　　　　　　　　　　　　　　表1-15

序号	检查项目	结果(打√或×)
1	高压安全防护工具穿戴整齐	
2	高压维修工具检查无误	
3	车辆完成下电	
4	实施过程中操作规范	
5	场地整理符合8S实训	

2. 根据表1-16进行学习过程评价表进行自评、互评、教师评价。

学习过程评价表   表1-16

新能源汽车高压下电、验电作业		实习日期：	
姓名：	班级：	学号：	教师签名：
自评：□熟练 □不熟练	互评：□熟练 □不熟练	师评：□合格 □不合格	
日期：	日期：	日期：	

序号	评分项	得分条件	分值	评分要求	自评	互评	师评
		新能源汽车高压下电、验电作业【评分细则】					
1	安全/8S/态度	□1) 能进行工位8S操作 □2) 能进行工具安全检查 □3) 能进行工具清洁、校准、存放操作 □4) 能进行三不落地操作	15	未完成1项扣5分，扣分不得超过15分	□熟练 □不熟练	□熟练 □不熟练	□合格 □不合格
2	专业技能能力	□1) 能正确地检查高压安全防护用具 □2) 能正确地检查绝缘维修工具 □3) 能正确地检查新能源汽车高压检测工具 □4) 能正确地进行高压下电、验电操作	50	未完成1项扣5分	□熟练 □不熟练	□熟练 □不熟练	□合格 □不合格
3	工具及设备的使用能力	□1) 能正确地穿戴高压安全防护用具 □2) 能正确地使用绝缘维修工具	10	未完成1项扣3分，扣分不得超过10分	□熟练 □不熟练	□熟练 □不熟练	□合格 □不合格
4	资料、信息查询能力	□1) 能正确地使用维修手册查询资料 □2) 能正确地记录所需维修信息	10	未完成1项扣5分	□熟练 □不熟练	□熟练 □不熟练	□合格 □不合格
5	数据判断和分析能力	□1) 能判断高压安全防护用品是否正常 □2) 能判断绝缘工具和检测工具是否正常 □3) 能正确判断车辆是否完全下电	10	未完成1项扣3分	□熟练 □不熟练	□熟练 □不熟练	□合格 □不合格

续上表

序号	评分项	得分条件	分值	评分要求	自评	互评	师评
6	表单填写、报告的撰写能力	☐1）字迹清晰 ☐2）语句通顺 ☐3）无错别字 ☐4）无涂改 ☐5）无抄袭	5	未完成1项扣1分，扣分不得超过5分	☐熟练 ☐不熟练	☐熟练 ☐不熟练	☐合格 ☐不合格
总分：							

学习活动3　电源隔离与触电急救作业

一　资讯

情境描述

小王是某比亚迪新能源汽车4S店的维修工，接到工作任务：维修一辆故障车辆（比亚迪e5），需要对该车辆的高压系统进行维修，为保证检修安全，你能告诉小王如何进行新能源汽车电源隔离与触电急救作业吗？

任务要求

请你根据任务情境描述，在规定的时间内，完成触电急救作业：

1. 能查阅急救手册选择工具设备；
2. 查阅急救手册等资料，制订一份尽可能详细的新能源汽车高压触电急救作业流程，并全面而细致地说明采取此方案的理由；
3. 能够通过观看心肺复苏操作视频，学会心肺复苏操作；
4. 能根据计划规范完成触电急救作业，同时列出在操作过程中需要注意的事项。

建议学时

6学时

二 计划

知识链接

1. 电源隔离在新能源汽车中的具体应用

1）高压蓄电池组与低压电气系统之间的隔离

新能源汽车的高压蓄电池组的电压通常在几百伏甚至上千伏,而低压电气系统的电压通常在12V或24V左右。为了保护人员和设备免受高电压和高电流的危害,需要使用隔离变压器将高压蓄电池组与低压电气系统隔离。

2）电机控制器与高压蓄电池组之间的隔离

电机控制器是新能源汽车的重要组成部分,它需要将高压蓄电池组的直流电转换为交流电,以驱动电机。为了保护电机控制器和高压蓄电池组免受高电压和高电流的危害,需要使用隔离变压器将它们隔离。

3）充电机与电网之间的隔离

新能源汽车需要通过充电机将电网的交流电转换为直流电,以给高压蓄电池组充电。为了保护充电机和电网免受高电压和高电流的危害,需要使用隔离变压器将它们隔离。

4）传感器与低压电气系统之间的隔离

新能源汽车中的传感器需要采集各种数据,如车速、温度、压力等。为了保护传感器和低压电气系统免受高电压和高电流的危害,需要使用隔离变压器将它们隔离。

2. 心肺复苏术的流程

心肺复苏术(Cardiopulmonary Resuscitation,CPR)是一种紧急救护技术,如图1-36所示,用于在心脏骤停或呼吸停止时维持血液循环和氧气供应,以保护大脑和其他重要器官免受不可逆转的损伤。

心肺复苏

图1-36 心肺复苏

心肺复苏术的流程通常包括以下步骤:

1）判断环境安全

在进行心肺复苏之前,需要确保周围环境安全,避免继续受到伤害。

2）判断患者意识

轻轻拍打患者的肩膀并呼喊他的名字,观察其是否有反应。

3）呼叫急救人员

如果患者没有反应,立即呼叫急救人员,拨打急救电话。

4）判断呼吸

观察患者的胸部是否有起伏,如果没有呼吸,开始进行心肺复苏。

5）胸外按压

将患者平放在坚硬的地面上,双手交叉放在胸骨中央,用力按压胸部,每分钟100~120次,按压深度为5~6cm。

6）开放气道

将患者的头后仰,抬起下巴,清除口中的异物和分泌物,保持气道畅通。

7）人工呼吸

捏住患者的鼻子,用自己的嘴对着患者的嘴进行人工呼吸,每次呼吸持续1~2s,观察胸部是否有起伏。

8）按压与呼吸的比例

按照30次胸外按压和2次人工呼吸的比例进行,直到急救人员到达或患者恢复自主呼吸和心跳。

3．事故急救措施

1）营救遭遇电气事故人员的注意事项

（1）自身安全最重要。

（2）切勿直接接触触电人员。

（3）在可能的情况下,立即将电气系统断电（立即关闭点火开关,拔出维修插头）。

（4）用不导电的物体（干燥的木板、扫帚把等）将受害者或导电体与电压分离开。

2）在电气事故之后实施急救措施时应遵循的事项

（1）如果事故受害者没有任何反应,应实施以下急救措施：

①首先确定生命机能,如脉搏和呼吸。

②立即拨打（或请他人拨打）急救电话。

③进行心肺复苏术,直至急救人员到达。

④如果停止呼吸:使用体外除颤器（如有）。

（2）如果事故受害者有反应,应实施以下急救措施：

①冷却灼伤处,并用无菌的无绒布盖住。

②事故受害者必须就医,即使受害者拒绝,仍应坚持。

任务确认

1．请认真阅读工作情境描述,用彩笔标记关键词,用一句话总结你需要完成的任务及要求。

新能源汽车高压系统检查与维护

工作要求

2. 现需要与班组长(教师)进行沟通并确认设备等相关信息,请你列出需要问的问题(表1-17)。

沟通问题　　　　　　　　　　　　　　　　表1-17

序号	问题
1	
2	
3	
4	
5	

 三　决策

人员安排 》》》

请小组商量后,决定每个同学的角色及分工(表1-18)。

角色及分工　　　　　　　　　　　　　　　　表1-18

组员	角色及分工
学员A	操作员1
学员B	操作员2(辅助)
学员C	观察记录员
学员D	安全管理员

 工具准备 》》》

请根据相应的任务需求,列出所需的工具设备清单(表1-19)。

工具设备清单　　　　　　　　　　　　　　　　　　　表1-19

序号	工具及材料名称	单位	数量	备注
1	心肺复苏假人	件	3	
2	心肺复苏防护膜	双	若干	
3	心肺复苏工控一体机	个	3	
4	心肺复苏考核系统	套	3	

注意事项

请根据操作条件的需求,列举出操作时的注意事项(表1-20)。

操作注意事项　　　　　　　　　　　　　　　　　　表1-20

序号	维修工序内容	备注
1	查阅急救手册,查找问题,制订流程	
2	发生高压触电时的急救措施	
3	心肺复苏假人外观及性能	
4	心肺复苏考核系统运行状况	
5	复检	

信息归纳

1.查阅资料,了解电源隔离和触电急救作业的基本要求,与小组内成员讨论,归纳总结,填写在下表中(表1-21)。

归纳基本要求　　　　　　　　　　　　　　　　　　表1-21

序号	基本要求
1	
2	
3	
4	

2.编制电源隔离和触电急救作业的实施流程。

相关内容记录
(1)高压触电时的急救措施及注意事项
(2)心肺复苏的注意事项
(3)心肺复苏流程的编制

新能源汽车高压系统检查与维护

3. 教师对各小组的制订的作业方案进行点评,并进行修改完善。

优化后的实施方案

四  实施

电源隔离和触电急救作业操作流程,见表1-22。

操作流程　　　　　　　　　　　　　　　　　　　　　　　　　　　　表1-22

步骤	操作方法及说明
1. 电源隔离作业	
(1)准备工作	在进行电源隔离作业之前,需要先做好准备工作,包括穿戴好绝缘手套、绝缘鞋等防护用品,准备好所需的工具和设备
(2)关闭电源	在进行电源隔离作业之前,需要先关闭电源,以避免触电事故的发生
(3)拆卸电源线	使用工具拆卸电气设备的电源线,注意不要损坏电源线和电气设备
(4)安装绝缘隔离器	在拆卸电源线之后,需要安装绝缘隔离器,以隔离电源和电气设备
(5)进行测试	在安装绝缘隔离器之后,需要进行测试,以确保绝缘隔离器的有效性
(6)恢复电源	在测试通过之后,需要恢复电源,并检查电气设备是否正常工作
2. 触电急救作业	
(1)切断电源	在触电事故发生后,应立即切断电源,以避免触电者受到进一步的伤害
(2)判断触电者的状况	在切断电源后,应立即判断触电者的状况,包括是否失去知觉、呼吸是否停止等
(3)拨打急救电话	如果触电者失去知觉或呼吸停止,应立即拨打急救电话
(4)进行心肺复苏	如果触电者失去知觉或呼吸停止,应立即进行心肺复苏,包括胸外按压和人工呼吸等
(5)等待急救人员到来	在进行心肺复苏的同时,应等待急救人员的到来,并向急救人员提供详细的情况
(6)送医治疗	在急救人员到来后,应将触电者送往医院进行治疗

五 检查

对电源隔离和触电急救作业进行检查,确保使用时充分保障人身安全:
(1)做好场地准备,检查心肺复苏操作仪器。
(2)发生高压触电时的隔离措施。
(3)心肺复苏的急救操作。

六 评估

活动总结

请根据工作过程撰写技术总结。

电源隔离和触电急救作业技术总结
1. 电源隔离的操作步骤及注意事项
2. 心肺复苏的操作步骤及注意事项
3. 经验和不足

新能源汽车高压系统检查与维护

活动评价

1. 结果检验（表1-23）。

结果检验　　　　　　　　　　　　　　　　　　　　　　表1-23

序号	检查项目	结果（打√或×）
1	完成电源隔离操作	
2	完成心肺复苏操作	
3	实施过程中操作规范	
4	场地整理符合8S实训	

2. 根据表1-24进行学习过程评价表进行自评、互评、教师评价。

学习过程评价表　　　　　　　　　　　　　　　　　　　　表1-24

电源隔离和触电急救作业			实习日期：			
姓名：		班级：		学号：		教师签名：
自评：□熟练　□不熟练		互评：□熟练　□不熟练		师评：□合格　□不合格		
日期：		日期：		日期：		
电源隔离和触电急救作业【评分细则】						
序号	评分项	得分条件	分值	评分要求	自评	互评	师评

序号	评分项	得分条件	分值	评分要求	自评	互评	师评
1	安全/8S/态度	□1）能进行工位8S操作 □2）能进行工具安全检查 □3）能进行工具清洁、校准、存放操作 □4）能进行三不落地操作	15	未完成1项扣3分，扣分不得超过15分	□熟练 □不熟练	□熟练 □不熟练	□合格 □不合格
2	专业技能能力	□1）能正确地进行电源隔离操作 □2）能正确地进行心肺复苏急救作业	50	未完成1项扣25分	□熟练 □不熟练	□熟练 □不熟练	□合格 □不合格
3	工具及设备的使用能力	□1）能正确地穿戴高压安全防护用具 □2）能正确地使用心肺复苏考核系统	10	未完成1项扣3分，扣分不得超过10分	□熟练 □不熟练	□熟练 □不熟练	□合格 □不合格
4	资料、信息查询能力	□1）能正确地使用急救手册查询资料 □2）能正确地记录所需信息	10	未完成1项扣3分	□熟练 □不熟练	□熟练 □不熟练	□合格 □不合格

续上表

序号	评分项	得分条件	分值	评分要求	自评	互评	师评
5	数据判断和分析能力	□1）能判断电源隔离操作是否正确 □2）能判断心肺复苏急救作业是否正确	10	未完成1项扣3分	□熟练 □不熟练	□熟练 □不熟练	□合格 □不合格
6	表单填写、报告的撰写能力	□1）字迹清晰 □2）语句通顺 □3）无错别字 □4）无涂改 □5）无抄袭	5	未完成1项扣1分，扣分不得超过5分	□熟练 □不熟练	□熟练 □不熟练	□合格 □不合格
总分：							

习题

一、填空题

1. 高压安全防护用品种类有_____、_____、_____、_____和_____。
2. 新能源汽车维修中使用的仪表有_____、_____以及_____。
3. 场地防护设备有_____、_____、_____、_____和_____等。
4. 断开动力蓄电池母线后，等待约_____min，进行放电操作，使用验电设备（如万用表）进行验电，确保动力蓄电池母线无电。
5. 心肺复苏急救按照_____次胸外按压和_____次人工呼吸的比例进行。

二、选择题

1. 以下哪个是进行高压维修作业时必须穿戴的个人防护装备？（　　）
   A. 绝缘手套　　B. 安全鞋　　C. 防护眼镜　　D. 以上都是
2. 在高压系统上进行操作之前，应该先进行以下哪个步骤？（　　）
   A. 切断电源　　　　　　B. 释放残余电荷
   C. 穿戴个人防护装备　　D. 以上都是
3. 以下哪种工具可以用于对高压电缆进行操作？（　　）
   A. 绝缘工具　　B. 非绝缘工具　　C. 金属工具　　D. 以上都不是
4. 维修作业时，所佩戴的绝缘手套至少应该能防（　　）千伏以上的高压。
   A. 1　　B. 2　　C. 3　　D. 4
5. 佩戴安全帽时，人的头顶和帽体内顶部的空间垂直距离一般在25~50mm之间，至少不要小于（　　）mm为好。
   A. 32　　B. 34　　C. 36　　D. 38

三、判断题

1. 进行高压维修作业时,必须穿戴绝缘手套和绝缘鞋。（　　）
2. 在高压系统上进行操作之前,必须先切断电源并释放残余电荷。（　　）
3. 可以使用非绝缘工具对高压电缆进行操作。（　　）
4. 在高压系统上进行操作时,可以同时触摸两个不同电位的部件。（　　）
5. 断开低压蓄电池负极线,负极电缆接头便可不用绝缘胶布包好,蓄电池负极桩头要用盖子盖好或用绝缘胶布包好。（　　）

四、简答题

1. 绝缘拆装工具特点是什么？

_____
_____
_____

2. 新能源汽车高压电气维修操作要求是什么？

_____
_____
_____

学习任务二
动力蓄电池系统的检查与维护

学习目标

知识目标

1. 能描述动力蓄电池的结构、类型、特点和相关性能；
2. 能描述动力蓄电池的检查方法；
3. 能说出动力蓄电池的维护项目。

技能目标

1. 能按照规范对动力蓄电池外部进行检查与维护；
2. 能按照规范对动力蓄电池内部进行检查与维护；
3. 能按照规范对动力蓄电池的冷却系统进行检查与维护。

素养目标

1. 严格执行新能源汽车高压下电维护标准操作规范；
2. 培养严谨高压操作安全意识；
3. 严格执行8S标准；
4. 培养认真严谨、积极主动、安全生产、文明施工的工作态度。

参考学时

20学时

任务描述

一辆新能源汽车到达厂家规定的维护周期，客户接到汽车售后服务企业的车辆检查与维护通知，需要对动力蓄电池系统进行检查与维护。学生从班组长(教师扮演)处接受任务，需确认汽车的使用情况，结合厂家技术规范，确定维护项目内容和作业流程；以双人合作的方式，按作业流程及规范在规定时间内对新能源汽车动力蓄电池系统进行检查，完成动力蓄电池系统的外观情况、固定情况、工作状况的检查以及冷却系统的维护，实施相应的清洁、检查、润滑、紧固、调整、更换和补充等维护作业；对于发现的维修增项须经前台、客户确认后实施，自检合格后交付班组长进行质量检验；同时，

新能源汽车高压系统检查与维护

学生应在教师指导下总结任务实施过程,撰写任务实施指导书,在工作过程中要具有成本意识,要遵守现场工作管理规范。

学习活动1　动力蓄电池外部的检查与维护

情境描述

小王是某比亚迪新能源汽车4S店的维修工,接到工作任务:检查维护一辆比亚迪e5纯电动汽车,需要对该车辆的动力蓄电池外部进行检查与维护。你能告诉小王如何对该车辆的动力蓄电池外部进行检查与维护吗?

任务要求

请你根据情境描述,在规定的时间内,制订动力蓄电池外部进行检查与维护的作业方案并按照方案进行实施:

1. 能查阅维修手册选择工具设备;

2. 查阅维修手册等资料,制订一份尽可能详细的动力蓄电池外部进行检查与维护的作业流程,并全面而细致地说明采取此方案的理由;

3. 能根据计划规范完成动力蓄电池外部进行检查与维护作业,同时列出在操作过程中需要注意的事项。

建议学时

6学时

1. 比亚迪e5纯电动汽车动力蓄电池包概述

比亚迪e5纯电动汽车的电源系统与其他纯电动汽车电源系统结构一样,主要由动力蓄电池包、蓄电池管理系统、充电系统、蓄电池冷却系统等组成,如图2-1所示。

动力蓄电池系统的检查与维护 | 学习任务二

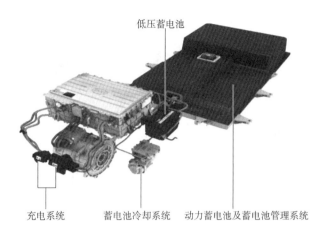

图 2-1 比亚迪 e5 纯电动汽车电源系统组成

其作用与其他纯电动汽车电源系统一样,主要为全车高压电器供电,同时经过 DC/DC 转换后为低压电池充电及全车低压电器供电,并监测和控制电源系统的供电和充电,使动力蓄电池始终处于最佳的工作状态。

1)比亚迪 e5 纯电动汽车动力蓄电池包位置

比亚迪 e5 纯电动汽车动力蓄电池包位于整车底板下面,如图 2-2 所示。

2)比亚迪 e5 动力蓄电池包结构

比亚迪 e5 动力蓄电池包是由动力蓄电池组、连接电缆、动力连接片、高压维修开关、蓄电池采样线、动力蓄电池箱构成,如图 2-3 所示。

图 2-2 比亚迪 e5 动力蓄电池包位置

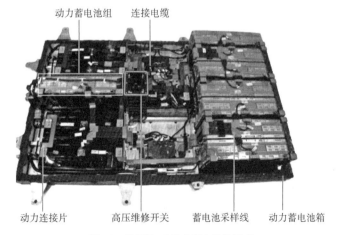

图 2-3 比亚迪 e5 动力蓄电池包组成

(1)动力蓄电池组。

比亚迪 e5 的动力蓄电池组由 13 个电池模组串联组成,动力蓄电池的高压接口在 1 号电池模组负极、13 号电池模组正极,动力蓄电池组通过该接口与高电压车载网络

47

连接，如图 2-4 所示。

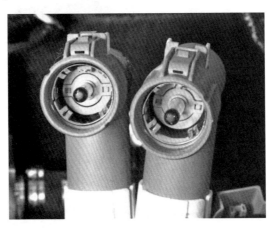

图 2-4　动力蓄电池高压接口

1 号、2 号、11 号、12 号、13 号电池模组在动力蓄电池前端；3 号电池模组在动力蓄电池终端，4 号、5 号、6 号、7 号、8 号、9 号、10 号电池模组在动力蓄电池后端，如图 2-5 所示。

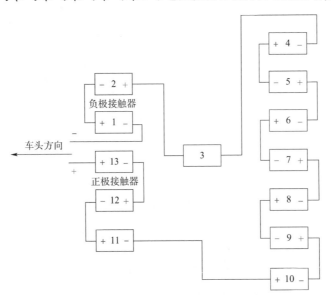

图 2-5　比亚迪 e5 动力蓄电池组的布置

（2）动力蓄电池箱体。

比亚迪 e5 动力蓄电池的动力蓄电池箱体是由动力蓄电池箱密封盖（上盖）和下托盘组成，它可以切断动力蓄电池内部的高压电路，具有承载和保护动力蓄电池组及内部电气元件的作用。

（3）动力蓄电池辅助装置。

比亚迪 e5 动力蓄电池的辅助装置主要有动力连接片、连接电缆、密封条和蓄电池管理系统的蓄电池采样线。蓄电池采样线是蓄电池管理系统的信息采集装置，它可以采集动力蓄电池的状态信息;动力连接片和连接电缆是动力蓄电池内部的动力蓄电池模块和动力电子模组之间的连接元件,主要能将动力蓄电池组内的蓄电池模块和蓄电池模组串联或并联组成动力蓄电池组;密封条是动力蓄电池的内部密封装置,可以密封动力蓄电池箱托盘和密封盖。

(4)高压维修开关。

比亚迪 e5 的高压维修开关位于中控台储物箱下部动力蓄电池的上面,如图 2-6 所示,其用于切断动力蓄电池内部的高压电路,防止发生触电事故,驾驶人一般接触不到,仅供专业人员检修时使用。

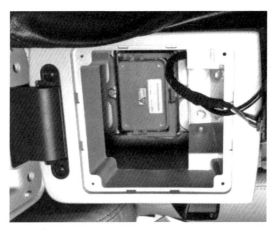

图 2-6　高压维修开关位置

3)比亚迪 e5 动力蓄电池参数

比亚迪 e5 纯电动汽车采用的是磷酸铁锂电池,一种用磷酸铁锂材料作电池正极、石墨作电池负极、聚乙烯或聚丙烯材料制成的隔膜板、有机溶剂和锂盐制作的对人体组织具有腐蚀性的锂离子电解质、金属材料密封外壳的锂离子电池。

磷酸铁锂电池的单体电池标称电压是 3.2V,充电终止时的最高电压为 3.6V,最大放电的电压为 2.0V。比亚迪 e5 的动力蓄电池的额定电压约 633.6V,额定容量 75Ah,总电量 42.47kWh,能提供综合工况下 250km～300km 的续驶里程,其具体参数见表 2-1。

比亚迪 e5 动力蓄电池参数　　　　表 2-1

碳酸铁锂电池	参数
电池包容量	75A·h
额定电压	633.6V(以实车为准)
储存温度	40～40℃,短期储存(3 个月) 20%≤SOC≤40% -20～35℃,长期储存(<1 年) 30%≤SOC≤40%
质量	≤490kg

2. 动力蓄电池外部检查与维护

1) 检查与维护前的准备工作

检查与维护高压部件之前应先断开高低压电,断电流程如下:

(1) 关闭点火开关,拔下钥匙。

(2) 拆下低压蓄电池负极,使用绝缘胶带包好,断开整车低压控制电源,如图 2-7 所示。

图 2-7　断开蓄电池负极

(3) 佩戴绝缘手套,断开动力蓄电池高压维修开关,如图 2-8 所示。

图 2-8　断开维修开关

(4) 当车辆举升到需要的高度时,举升机要锁止安全锁。

(5) 拆下动力蓄电池总正、总负和低压线束插头,如图 2-9 所示。

2) 检查动力蓄电池外观

(1) 检查上盖有无裂痕、磕碰、凹陷、凸起。

(2) 检查下托盘边缘有无变形、开裂、底部有无凹陷变形。

(3) 检查下托盘压条螺栓有无松动。

(4) 检查动力蓄电池标识是否清晰,有无破损。

(5) 检查正、负极引出线附近螺栓有无裂痕。

(6) 检查采样接线口有无破损。

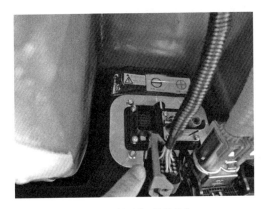

图 2-9　断开高、低压插头

3）检查动力蓄电池箱的密封性能

检查动力蓄电池箱密封性的目的是保证动力蓄电池箱密封性能良好，防止进水，影响通信。通过真空检漏法，检查密封条的密封情况，其密封性检查步骤如下：

(1) 连接气泵管路和测试一起，如图 2-10 所示。

图 2-10　连接测试管路仪器

(2) 设置参数，调节气压在 30kPa 左右，开始测试，如图 2-11 所示。

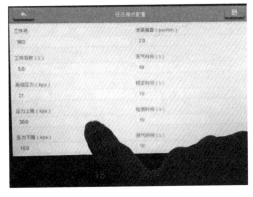

图 2-11　设置测试参数

(3)若无真空负压或回到仪器读数时,说明密封不严,需要检查动力蓄电池箱盖螺栓是否紧固。

(4)如果动力蓄电池箱盖螺栓紧固为正常力矩,则需要更换密封条。

4)检查动力蓄电池螺栓的紧固状态

检查动力蓄电池螺栓紧固是否可靠,用扭力扳手按规定次序和力矩紧固螺栓,按维修手册要求力矩紧固螺栓。

5)检查动力蓄电池外部高低压插接件

检查动力蓄电池外部高低压输出插接件线束及插接件连接应无松动、破损、腐蚀等问题。

(1)检查动力蓄电池高低压插接件连接可靠。无变形、松脱、过热、损坏等情况。要求如下:

①检查用电器插件与线束插件是否对插,并检查是否对插到位。

②检查线束与插针是否连接牢固,插件内插针是否出现退针、插针弯曲等异常现象。

(2)检查动力蓄电池高压插接件与高压控制盒输入插接件是否正常。

6)检查动力蓄电池外部绝缘性

为了避免动力蓄电池漏电,防止线路及内部短路,需要对动力蓄电池高压母线的绝缘性能进行检查。以比亚迪 e5 为例检查总正、总负搭铁的绝缘电阻。将钥匙转动到 OFF 挡,在高低压断电及电容放电以后,拔下高压母线,用数字绝缘表 1000V 分别检测总正、总负搭铁电阻值。

(1)将绝缘表黑表笔接于车身,红表笔测量 1 端子正极绝缘状态为 550MΩ,大于标准值 1.4MΩ。若不合格则需修复或更换。

(2)将绝缘表黑表笔接于车身,红表笔测量 2 端子负极绝缘状态为 550MΩ,大于标准值 1.0MΩ。若不合格则需修复或更换。

7)检查 CAN 电阻

为确保新能源汽车通信质量,在整车高低压断电、放电后,端口针脚定义,用万用表欧姆挡测量新能源 CAN-H 对新能源 CAN-L 电阻。若阻值为 120Ω 左右,则 CAN 网络电阻正常,否则需要修复或更换。

 任务确认

1.请认真阅读工作情境描述,用彩笔标记关键词,用一句话总结你需要完成的任务及要求。

工作要求

2. 现需要与班组长(教师)进行沟通并确认车辆或者设备等相关信息,请你列出需要问的问题(表2-2)。

沟通问题　　　　　　　　　　　　　　　　　　　　　表2-2

序号	问题
1	
2	
3	
4	

三 决策

人员安排

请小组商量后,决定每个同学的角色及分工(表2-3)。

角色及分工　　　　　　　　　　　　　　　　　　　　表2-3

组员	角色及分工
学员 A	操作员1
学员 B	操作员2(辅助)
学员 C	观察记录员
学员 D	安全管理员

工具准备

请根据相应的任务需求,列出所需的工具设备清单(表2-4)。

工具设备清单　　　　　　　　　　　　　　　　　　　表2-4

序号	工具及材料名称	单位	数量	备注
1	高压防护服	件	6	
2	绝缘鞋	双	6	
3	安全帽	个	6	
4	护目镜	个	6	
5	绝缘手套	副	6	
6	万用表、绝缘电阻表	块	6	
7	动力蓄电池举升车	个	3	
8	绝缘工具套装	套	3	

续上表

序号	工具及材料名称	单位	数量	备注
9	新能源电池包气密性检测仪	台	3	
10	车辆	台	3	

注意事项

请根据操作条件及故障诊断的需求,列举出操作时的注意事项(表2-5)。

操作注意事项　　　　　　　　　　表2-5

序号	维修工序内容	备注
1	查阅检验标准手册,查找问题,制订流程	
2	个人防护用品外观、性能及密封性检测	
3	防护用品试穿(戴)	
4	检查电池外观、线束连接情况	
5	拆卸动力蓄电池包	
6	检查动力蓄电池密封性	
7	安装动力蓄电池包	
8	车辆上电前要报告教师,批准后可上电	
9	严格按照规范流程操作	
10	复检	

信息归纳

1.查阅资料,了解新能源汽车动力蓄电池外部的检查与维护作业的基本要求,与小组内成员讨论,归纳总结,填写在下表中(表2-6)。

归纳基本要求　　　　　　　　　　表2-6

序号	基本要求
1	
2	
3	
4	
5	

动力蓄电池系统的检查与维护 | 学习任务二

2. 编制新能源汽车高压安全防护作业的实施流程。

相关内容记录
(1) 车辆信息记录
(2) 新能源汽车动力蓄电池外部的检查与维护作业方案编制

3. 教师对各小组的制订的作业方案进行点评,并进行修改完善。

优化后的实施方案

四 实施

动力蓄电池外部检查与维护操作流程,见表2-7。

操作流程　　　　　　　　　　　　　　　　　表2-7

动力蓄电池外部检查与维护	
 测量直流母线电压	(1) 检查动力蓄电池外观:有无变形、开裂、底部有无凹陷变形,螺栓有无松动

续上表

动力蓄电池外部检查与维护	
 排放电池冷却液	(2)按压冷却进水水管紧固锁舌,拆卸冷却进水水管,排放冷却液,然后以同样方法拆卸冷却出水管
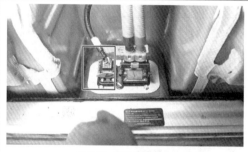 断开高、低压线束插头	(3)解除动力蓄电池输出高压电缆母线插头,断开低压插头
 拆卸动力蓄电池	(4)将动力蓄电池举升车推至合适位置,升起平板至其接触动力蓄电池下部,拆卸动力蓄电池
 检查密封性	(5)使用新能源电池包气密性检测仪测量动力蓄电池包密封性

续上表

动力蓄电池外部检查与维护	
 安装动力蓄电池	(6)对齐螺纹孔,拧紧动力蓄电池托架固定螺栓,用扭力扳手紧固动力蓄电池托架固定螺栓至135N·m
 安装高、低压插头	(7)安装动力蓄电池高、低压接插器,并锁止保险锁舌
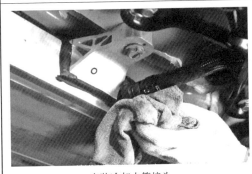 安装冷却水管接头	(8)清洁动力蓄电池冷却出水口及水管接头,安装出水口水管,晃动出水口水管,检查其安装牢固程度,以同样方法安装动力电池冷却进水口水管
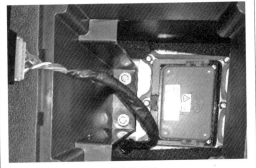 安装维修开关	(9)安装高压维修开关,装复中控储物格线束插接器

续上表

动力蓄电池外部检查与维护	
 安装蓄电池负极	(10)安装低压蓄电池负极电缆,并紧固
 加注冷却液	(11)加注动力电池冷却系统冷却液至 MIN～MAX 之间位置

五 检查

(1)万用表使用方法正确,并在使用前规范校准万用表。
(2)绝缘电阻表使用方法正确,并在使用前规范校准绝缘电阻表。
(3)测量操作时动作规范标准,在测量时注意不能造成电路元器件及测量工具的损坏。
(4)检查车辆能否正常上电,是否有故障。
(5)按照维修标准规范操作。
(6)整理,恢复作业场地。

六 评估

活动总结 >>>

请根据工作过程撰写技术总结。

动力蓄电池外部检查与维护技术总结
1. 动力蓄电池包绝缘检测的方法
2. 动力蓄电池包密封性是否正常,判定依据
3. 动力蓄电池外部检查与维护的操作流程
4. 经验和不足

活动评价

1. 结果检验(表2-8)。

结果检验　　　　　　　　　　　　　表2-8

序号	检查项目	结果(打√或×)
1	动力蓄电池外观检查项目无遗漏	
2	动力蓄电池绝缘检测操作正确	
3	动力蓄电池密封性检查操作正确	
4	实施过程中符合高压安全操作规范	
5	场地整理符合8S实训	

2. 根据下表进行学习过程评价表进行自评、互评、教师评价(表2-9)。

学习过程评价表 表2-9

动力蓄电池外部检查与维护			实习日期:	
姓名:	班级:		学号:	教师签名:
自评:□熟练 □不熟练	互评:□熟练 □不熟练		师评:□合格 □不合格	
日期:	日期:		日期:	
动力蓄电池外部检查与维护【评分细则】				

序号	评分项	得分条件	分值	评分要求	自评	互评	师评
1	安全/8S/态度	□1)能进行工位5S操作 □2)能进行工具安全检查 □3)能进行工具清洁、校准、存放操作 □4)能进行三不落地操作	15	未完成1项扣3分,扣分不得超过15分	□熟练 □不熟练	□熟练 □不熟练	□合格 □不合格
2	专业技能能力	□1)能正确地使用绝缘电阻表 □2)能正确地使用密封性检测仪 □3)能正确地检查动力蓄电池的绝缘性能 □4)能正确地检查动力电池密封性能	40	未完成1项扣10分	□熟练 □不熟练	□熟练 □不熟练	□合格 □不合格
3	工具及设备的使用能力	□1)能正确地穿戴高压安全防护用具 □2)能正确地使用绝缘维修工具	20	未完成1项扣3分,扣分不得超过10分	□熟练 □不熟练	□熟练 □不熟练	□合格 □不合格
4	资料、信息查询能力	□1)能正确地使用维修手册查询资料 □2)能正确地记录所需维修信息	10	未完成1项扣3分	□熟练 □不熟练	□熟练 □不熟练	□合格 □不合格
5	数据判断和分析能力	□1)能判断动力蓄电池绝缘性能是否正常 □2)能判断动力蓄电池密封性是否正常	10	未完成1项扣3分	□熟练 □不熟练	□熟练 □不熟练	□合格 □不合格
6	表单填写、报告的撰写能力	□1)字迹清晰 □2)语句通顺 □3)无错别字 □4)无涂改 □5)无抄袭	5	未完成1项扣1分,扣分不得超过5分	□熟练 □不熟练	□熟练 □不熟练	□合格 □不合格
总分:							

学习活动2　动力蓄电池内部的检查与维护

一、资讯

情境描述

小王是某比亚迪新能源汽车4S店的维修工,接到工作任务:检查维护一辆比亚迪e5纯电动车辆,需要对该车辆的动力蓄电池内部进行检查与维护。你能告诉小王如何对该车辆的动力蓄电池内部进行检查与维护吗?

任务要求

请你根据情境描述,在规定的时间内,制订动力蓄电池内部进行检查与维护的作业方案并按照方案进行实施:

1. 能查阅维修手册选择工具设备;
2. 查阅维修手册等资料,制订一份尽可能详细的动力蓄电池内部进行检查与维护的作业流程,并全面而细致地说明采取此方案的理由;
3. 能根据计划规范完成动力蓄电池外部进行检查与维护作业,同时列出在操作过程中需要注意的事项。

建议学时

8学时

二、计划

知识链接

1. 动力蓄电池组成

动力蓄电池内部主要由动力蓄电池模组、电池管理系统(BMS)和辅助元器件等组成,如图2-12所示。

辅助元器件主要有熔断器、总正继电器、总负继电器、分流器(电流传感器)、插接件、紧急开关、预充继电器和预充电阻等,内部结构如图2-13所示。

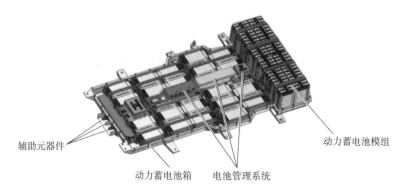

图 2-12　动力蓄电池组成

图 2-13　动力蓄电池内部

1) 主控盒 (器)

主控盒是动力蓄电池管理系统的控制中心,如图 2-14 所示。用来控制总正继电器、加热继电器以及预充继电器,还通过 CAN 总线与 VCU 进行通信。

图 2-14　电池管理器

2) 电池信息采集器

采集左右电池组电压、温度,电流检测高压绝缘情况,然后通过 CAN 总线将信息输送给主控盒,如图 2-15 所示。

图 2-15 电池信息采集器

3）高压继电器

蓄电池包内通常设有多个高压继电器，也叫做断路器或继电器，如图 2-16 所示。蓄电池管理系统要完成对继电器的驱动与状态检测，通过与整车控制器通信协调后进行控制。电池包内的继电器一般有总正、总负、预充以及加热继电器等。

4）维护插接器

维护插接器也叫维修开关或紧急开关，如图 2-17 所示，在特定时刻能够实现高压系统的电气隔离，是保证新能源汽车高压电气安全的关键部件。在车辆维修或存在漏电危险等特殊情况时，使用维修开关人工切断高压电路。

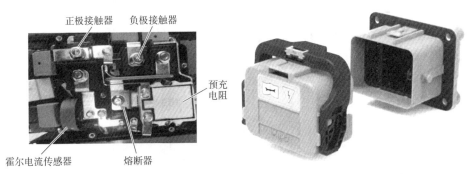

图 2-16 电池内部高压附件　　　　　图 2-17 高压维修开关

5）高压断路器

也叫高压熔断器也叫动力蓄电池主保险，如图 2-16 所示。它串联在被保护电路中，用来保护电气设备免受过载和短路电流的损害。

6）温度传感器

如图 2-18 所示，为了保证蓄电池的使用性能必须使蓄电池工作在合理的温度范围之内，需要用温度传感器用来检测动力蓄电池电芯温度。

7）预充电阻

根据电动汽车的安全标准条例，对于高于 60V 的高压系统，其上电过程必须大于 100ms。在上电过程中应该采用预充过程来缓解高压冲击，以提高整车的安全性能。

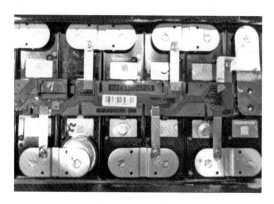

图 2-18　温度传感器

预充管理是新能源汽车必不可少的重要环节,主要作用是给驱动电机控制器的大电容进行充电和缩小高压系统电压差,以减少高压继电器在接触时产生的火花拉弧,降低冲击、增加安全性。预充电阻与预充继电器配合工作,共同完成车辆的预充电过程。

8) 连接线束

动力蓄电池箱体内部连接线束主要分为高压线缆、低压线缆和 CAN 信号线,如图 2-19 所示。

图 2-19　连接线束

2. 动力蓄电池内部检查与维护

1) 检查与维护熔断器

检查熔断器状态是否良好,能否正常工作。用万用表电阻挡测量熔断器通断,如损坏应予以更换。

2) 检查与维护加热保险及电流传感器

检查加热保险及电流传感器工作性能,确保车辆正常通电;使用万用表测量加热保险及电流传感器是否导通。电流传感器与加热保险损坏应予以更换。

3) 检测与维护继电器线圈

为确保总正、总负继电器能正常工作,防止继电器损坏导致车辆无法正常通电。

使用万用表欧姆挡检测总正和总负继电器的线圈电阻,如损坏应予以更换。

4)检查与维护预充电阻

预充电阻能够限制预充电流的大小,避免电路短路。因此,预充电阻能否可靠工作直接影响了动力蓄电池的性能,需要对其进行检查。用万用表欧姆挡检测预充电阻的阻值是否正常,阻值为40Ω左右,如损坏应予以更换。

5)检查与维护内部线缆

动力蓄电池内部高压线缆,确保连接可靠,防止动力蓄电池内部线缆出现故障,影响新能源汽车正常通电。维护人员佩戴绝缘手套检查插件线缆是否有破损、挤压、漏电等情况,若有,则修复或更换。

6)检查与维护动力蓄电池模组连接件和安装点

为防止动力蓄电池模组连接紧固螺栓松动,确保动力蓄电池模组电路连接可靠,需使用绝缘套筒及扭力扳手检查并紧固动力蓄电池模组各连接螺栓,连接完成后需要对极柱做好绝缘防护,若未达到要求,则修复或更换。

7)检查与维护动力蓄电池的保温性能

检查动力蓄电池内部保温材料的完整性,可以确保冬季动力蓄电池内部温度的可靠性避免动力蓄电池温度过低加速电量损耗。检查动力蓄电池内部边缘保温棉是否脱落、损坏等,若损坏则需修复或更换。

8)检查与维护动力蓄电池内部干燥性

检查动力蓄电池箱内部干燥性,确保动力蓄电池箱内部无积水。打开动力蓄电池箱,目测观察动力蓄电池箱内部是否有积水,并用绝缘表测量动力蓄电池箱绝缘性能。

9)检查与维护电芯防爆膜及外观

为防止电芯损坏导致漏电影响动力蓄电池性能,需要检查电芯防爆膜、电芯外缘是否破损,如有损坏应修复或更换。

10)检查动力蓄电池箱内部温度采集点

为保证电池管理系统能够采集到合理的内部温度,测温点正常工作,需要将ECI监控温度与红外热像仪温度进行对比,检查温度传感器精度。

11)检查动力蓄电池加热系统

冬季温度较低,电量损耗速度快,因此,需要确保动力蓄电池加热系统正常工作。将动力蓄电池箱通12V电压,打开专用监控软件,启动加热系统,观察风扇能否正常工作。

12)检查动力蓄电池内部绝缘性能

动力蓄电池是整个新能源汽车的动力源,为防止动力蓄电池箱内部短路,需要检查动力蓄电池内部的绝缘性能。将动力蓄电池箱内部高压控制盒插头打开,用数字绝缘表DC 500V挡。测试总正、总负搭铁阻值,若阻值≥500Ω/V,则绝缘性能良好,若达不到则需要更换。

新能源汽车高压系统检查与维护

任务确认

1. 请认真阅读工作情境描述,用彩笔标记关键词,用一句话总结你需要完成的任务及要求。

工作要求

2. 现需要与班组长(教师)进行沟通并确认车辆或者设备等相关信息,请你列出需要问的问题(表2-10)。

沟通问题　　　　　　　　　　　　　　　表2-10

序号	问题
1	
2	
3	
4	
5	

 三　决策

 人员安排

请小组商量后,决定每个同学的角色及分工(表2-11)。

角色及分工　　　　　　　　　　　　　　表2-11

组员	角色及分工
学员A	操作员1
学员B	操作员2(辅助)
学员C	观察记录员
学员D	安全管理员

📋 工具准备 »»»

请根据相应的任务需求,列出所需的工具设备清单(表2-12)。

工具设备清单　　　　　　　　　　　　　　　　表2-12

序号	工具及材料名称	单位	数量	备注
1	高压防护服	件	6	
2	绝缘鞋	双	6	
3	安全帽	个	6	
4	护目镜	个	6	
5	绝缘手套	副	6	
6	万用表、绝缘电阻表	块	6	
7	动力蓄电池举升车	个	3	
8	绝缘工具套装	套	3	
9	密封胶	条	18	
10	车辆	台	3	

📰 注意事项 »»»

请根据操作条件及故障诊断的需求,列举出操作时的注意事项(表2-13)。

操作注意事项　　　　　　　　　　　　　　　　表2-13

序号	维修工序内容	备注
1	查阅检验标准手册,查找问题,制订流程	
2	个人防护用品外观、性能及密封性检测	
3	防护用品试穿(戴)	
4	拆卸动力蓄电池包	
5	检查动力蓄电池内部元件	
6	检查动力蓄电池密封性	
7	安装动力蓄电池包	
8	车辆上电前要报告教师,批准后可上电	
9	严格按照规范流程操作	
10	复检	

📑 信息归纳 »»»

1.查阅资料,了解新能源汽车动力蓄电池内部的检查与维护作业的基本要求,与

新能源汽车高压系统检查与维护

小组内成员讨论,归纳总结,填写在下表中(表2-14)。

归纳基本要求　　　　　　　　　　　　　　　　　　　　　　表2-14

序号	基本要求
1	
2	
3	
4	

2. 编制动力蓄电池内部的检查与维护作业的实施流程。

相关内容记录

(1) 车辆信息记录

(2) 新能源汽车动力蓄电池内部的检查与维护作业方案编制

3. 教师对各小组的制定的作业方案进行点评,并进行修改完善。

优化后的实施方案

动力蓄电池系统的检查与维护 | 学习任务二

四 实施

动力蓄电池内部检查与维护作业操作流程,见表2-15。

操作流程　　　　　　　　　　　　　　　　表2-15

动力蓄电池内部检查与维护	
 排放电池冷却	(1)按压冷却进水水管紧固锁舌,拆卸冷却进水水管,排放冷却液。之后以同样方法拆卸冷却出水管
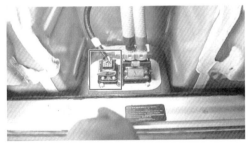 断开高、低压线束插头	(2)解除动力蓄电池输出高压电缆母线插头,断开低压插头
 拆卸动力蓄电池	(3)将动力蓄电池举升车推至合适位置,升起平板至其接触动力蓄电池下部,拆卸动力蓄电池

续上表

动力蓄电池内部检查与维护	
 拆卸动力蓄电池保护上盖	（4）拆卸动力蓄电池上盖，拆卸隔热棉
 检查通信转换模块	（5）检查动力蓄电池前端有通信转换模块，位于低压通信接口侧面
 检查动力蓄电池模组	（6）检查蓄电池内部模组连接，铜排是否正常有无损坏，连接是否紧固
 检查冷却管路	（7）检查冷却管路是否正常，有无漏液、变形、损坏

续上表

动力蓄电池内部检查与维护	
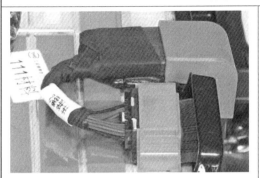 检查插接器	(8)检查动力蓄电池内部有模组信息采集插接器,是否正常,有无松脱、损坏
 检查信息采集盒	(9)检查动力蓄电池内部信息采集盒是否正常有无损坏,插头是否正常有无松脱、损坏
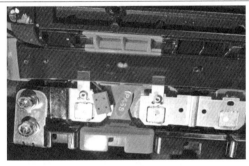 检查采样端口	(10)检查动力蓄电池内部电压、温度采样端口,检查正负极接触器、预充电阻是否正常
 检查蓄电池电压	(11)检查动力蓄电池组、模组电压

续上表

动力蓄电池内部检查与维护	
 安装动力蓄电池	(12)对齐螺纹孔,拧紧动力蓄电池托架固定螺栓,用扭力扳手紧固动力蓄电池托架固定螺栓至135N·m
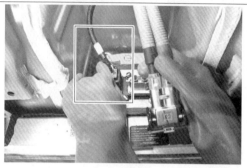 安装高、低压插头	(13)安装动力蓄电池高、低压接插器,并锁止保险锁舌
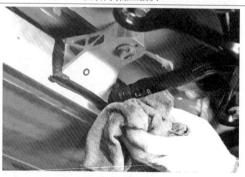 安装冷却水管接头	(14)清洁动力蓄电池冷却出水口及水管接头,安装出水口水管,晃动出水口水管,检查其安装牢固程度,以同样方法安装动力蓄电池冷却进水口水管
 安装维修开关	(15)安装高压维修开关,装复中控储物格线束插接器

续上表

动力蓄电池内部检查与维护	
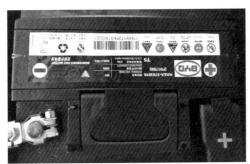 安装蓄电池负极	（16）安装低压蓄电池负极电缆，并紧固
 加注冷却液	（17）加注动力蓄电池冷却系统冷却液至 MIN～MAX 之间位置

五、检查

（1）万用表使用方法正确，并在使用前规范校准万用表。
（2）绝缘电阻表使用方法正确，并在使用前规范校准绝缘电阻表。
（3）测量操作时动作规范标准，在测量时注意不能造成电路元器件及测量工具的损坏。
（4）检查车辆能否正常上电，是否有故障。
（5）按照维修标准规范操作。
（6）整理，恢复作业场地。

六、评估

活动总结

请根据工作过程撰写技术总结。

动力蓄电池内部检查与维护作业技术总结
1.动力蓄电池内部检查与维护的项目
2.动力蓄电池内部元件是否正常,判定依据
3.动力蓄电池内部检查与维护的操作流程
4.经验和不足

 活动评价

1. 结果检验(表2-16)。

结果检验　　　　　　　　　　　　　　　　　表2-16

序号	检查项目	结果(打√或×)
1	高压断电、验电操作规范	
2	动力蓄电池内部检查项目无遗漏	
3	动力蓄电池内部元件检测操作正确	
4	动力蓄电池电池组、模组电压测量正确	
5	实施过程中符合高压安全操作规范	
6	场地整理符合8S实训	

2. 根据下表进行学习过程评价表进行自评、互评、教师评价(表2-17)。

学习过程评价表

表2-17

动力蓄电池内部检查与维护			实习日期:			
姓名:	班级:		学号:			教师签名:
自评:□熟练 □不熟练	互评:□熟练 □不熟练		师评:□合格 □不合格			
日期:	日期:		日期:			
动力蓄电池内部检查与维护【评分细则】						
序号	评分项	得分条件	分值	评分要求	自评	互评	师评
1	安全/8S/态度	□1)能进行工位5S操作 □2)能进行工具安全检查 □3)能进行工具清洁、校准、存放操作 □4)能进行三不落地操作	15	未完成1项扣3分,扣分不得超过15分	□熟练 □不熟练	□熟练 □不熟练	□合格 □不合格
2	专业技能能力	□1)能正确地使用绝缘电阻表 □2)能正确地使用密封性检测仪 □3)能正确地检查动力蓄电池内部	40	未完成1项扣10分	□熟练 □不熟练	□熟练 □不熟练	□合格 □不合格
3	工具及设备的使用能力	□1)能正确地穿戴高压安全防护用具 □2)能正确地使用绝缘维修工具	20	未完成1项扣3分,扣分不得超过10分	□熟练 □不熟练	□熟练 □不熟练	□合格 □不合格
4	资料、信息查询能力	□1)能正确地使用维修手册查询资料 □2)能正确地记录所需维修信息	10	未完成1项扣3分	□熟练 □不熟练	□熟练 □不熟练	□合格 □不合格
5	数据判断和分析能力	□1)能判断动力蓄电池内部元件是否正常	10	未完成1项扣3分	□熟练 □不熟练	□熟练 □不熟练	□合格 □不合格
6	表单填写报告的撰写能力	□1)字迹清晰 □2)语句通顺 □3)无错别字 □4)无涂改 □5)无抄袭	5	未完成1项扣1分,扣分不得超过5分	□熟练 □不熟练	□熟练 □不熟练	□合格 □不合格
总分:						

学习活动3 动力蓄电池冷却系统的检查与维护

一、资讯

情境描述

小王是某比亚迪新能源汽车4S店的维修工,接到工作任务:检查维护一辆比亚迪e5纯电动车辆,需要对该车辆的动力蓄电池冷却系统进行检查与维护。你能告诉小王如何对该车辆的动力蓄电池冷却系统进行检查与维护吗?

任务要求

请你根据情境描述,在规定的时间内,制订动力蓄电池冷却系统进行检查与维护的作业方案并按照方案进行实施:

1. 能查阅维修手册选择工具设备;

2. 查阅维修手册等资料,制订一份尽可能详细的动力蓄电池冷却系统进行检查与维护的作业流程,并全面而细致地说明采取此方案的理由;

3. 能根据计划规范完成动力蓄电池冷却系统进行检查与维护作业,同时列出在操作过程中需要注意的事项。

建议学时

6学时

二、计划

知识链接

1. 引起动力蓄电池热失控的因素及其危害

引起动力蓄电池热失控的因素主要有内部短路、外部短路和外部高温。

1)内部短路

由于动力蓄电池的滥用,过充电和过放电导致的支晶、动力蓄电池生产过程中的杂质和灰尘等可能会刺穿隔膜,产生微短路,而电能量的释放导致温升,温升带来的材料化学反应又扩大了短路路径,形成了更大的短路电流,这种互相累积、互相增强的破坏,导致热失控。下面以钴酸锂离子动力蓄电池为例,简述一个典型热失控过程。

(1)准备阶段:内部短路准备阶段,动力蓄电池处于满电状态。

(2)发生阶段:内部短路发生,大电流通过短路点而产生热量并通过 LiC_6,热扩散,达到 SEI 膜(固体电解质界面膜)分解温度时,SEI 膜开始分解,放出少量气体,壳体轻微鼓胀,随着短路位置的不断放电,蓄电池的温度不断上升,电解液中链状溶剂开始分散,LiC_6 与电解液开始反应放热,伴随着 $C_2H_5F/C_3H_6/C_3H_8$ 产生,但反应较慢,放热量较小。

(3)温度升高阶段:随着放电的进行,短路位置温度继续升高,隔膜局部收缩融化,短路位置扩大,温度进一步升高。当内部温度达到 $LiO·5CoO_2$ 的分解温度时,正极瞬间分解并释放 O_2,后者于电解液瞬间反应放出大量热量,同时放出大量 CO_2 气体,造成动力蓄电池内压增大,如果压力足够大,将冲破蓄电池壳体,引起动力蓄电池爆炸。

(4)升温速率较慢阶段:如果壳体炸开,极片散落,温度不会继续升高,反应终止;如果壳体只开裂,极片没有散落,这时 LiC_6 继续与电解液反应,温度会继续升高,但升温速率下降,由于反应速率较慢,所以可以维持较长时间。

(5)降温阶段:当动力蓄电池内部反应的产热速率小于散热速率时,动力蓄电池开始降温,直至内部反应完毕。

2)外部短路

实际车辆运行中发生危险的概率很低,一是整车系统装配有熔丝和动力蓄电池管理系统(BMS),二是动力蓄电池能承受短时间的大电流冲击。极限情况下,短路点越过整车熔断器,同时 BMS 失效,较长时间的外部短路一般会导致电路中的连接薄弱点烧毁,很少导致动力蓄电池发生热失控事件。现在,比较多的企业的动力蓄电池管理系统采用了回路中加熔丝的做法,能有效地避免外短路引发的危害。

3)外部高温

由于锂离子蓄电池结构的特性,高温下 SEI 膜、电解液、EC 等会发生分解反应,电解液的分解会与正极、负极发生反应,蓄电池隔膜将融化分解,多种反应导致大量热量产生。隔膜融化导致内部短路,电能量的释放又增大了热量的产生。这种累计的互相增强的破坏作用会导致蓄电池防爆膜破裂,电解液喷出,发生燃烧起火。

三元锂离子蓄电池相比磷酸铁锂离子蓄电池,正极材料容易发生分解反应从而释氧,更加快速地发生热失控。以钴酸锂离子蓄电池为例,达到一定温度时,正极瞬时分解释氧,导致快速发生热失控,极易燃烧。

4)动力蓄电池热失控的危害

动力蓄电池作为电动汽车"三电"之一,是电动汽车的驱动核心,在电动汽车的推广和使用安全性上起着至关重要的作用,广大用户对其储电能力与环境适应能力的要求在不断提高。

通常选用锂离子蓄电池作为汽车的动力蓄电池,锂离子蓄电池有着比能量高、使用安全、循环寿命较高、自放电率低、可长时间储存等优势,但是锂离子蓄电池在低温或者高温情况下的使用仍暴露出许多的缺点。

在低温环境下蓄电池的电量储存能力与放电功率被严重削减,蓄电池容量、开路电压会急剧下降,严重影响了蓄电池的使用性能。甚至电动汽车长时间放置在极端低温情况下,会造成动力蓄电池电解液的结晶,出现电动汽车无法起动的现象。若强行充放电,会有刺穿蓄电池隔膜、提高动力蓄电池提前报废机率的风险,影响了电动汽车整个动力蓄电池的使用寿命,给用户造成极大地经济负担和安全隐患。

如果动力蓄电池长期在高温下工作,会使得动力蓄电池内部加速老化最终影响动力蓄电池组的整体使用寿命。为提高在低温和高温环境下动力蓄电池的使用安全性能,需要对动力蓄电池采取合理的热管理方式进行升温或者降温热管理。

2. 动力蓄电池冷却系统概述

1) 作用

对动力蓄电池进行冷却,动力蓄电池热管理系统通过对动力蓄电池冷却或加热,保持动力蓄电池较佳的工作温度,以改善其运行效率并延长动力蓄电池的使用寿命。在低温环境下,需要对动力蓄电池进行加热处理,以提高运行效率;在高温环境下,需要对动力蓄电池进行冷却处理,以保持运行效率。

2) 冷却方式

根据冷却介质的不同,冷却系统通常可分为空气冷却和液体冷却两种冷却方式。

(1) 风冷。

目前空气冷却方式仍然是采用的主要方法,空气冷却比较容易实现,但冷却效果不佳,风冷散热通风方式一般有串行、并行和混行 3 种。

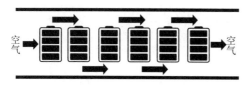

图 2-20 串行通风

在串行通风方式下,冷空气从左侧进入、从右侧排出,如图 2-20 所示。空气在流动过程中不断被加热,所以右侧的冷却效果比左侧要差,蓄电池箱内蓄电池模块温度从左到右逐渐升高,蓄电池模块内温差比较大,流行路径越长,温差越大。

并行通风方式使得空气更均匀分布,但需要对进、排风通道、蓄电池布置位置进行很好的设计,如图 2-21 所示。该楔形的进、排气通道使得不同模块间隙上、下的压力基本保持一致,确保了吹过不同蓄电池模块的空气流量的一致性,从而保证了蓄电池组温度场分布的一致性。目前大部分风冷系统采用了此结构。

动力蓄电池系统在应用过程中除了蓄电池自身产热外,蓄电池之间的连接电阻产生的热量也是重要的热量来源。并且这部分过热会带来其他比较严重的后果(如连接松动等)。对于这种情况,采用混行通风方式可以对局部产热进行重点冷却,系统内各蓄电池的温度分布得更加均匀,如图 2-22 所示。

(2) 液冷。

液体冷却介质起到的作用只是一种热量交换,即将动力蓄电池产生的热量传递到液体中,液体温度升高,并不能将产生的热量排出去,必须经过其他的热交换措施(如热交换器、车辆的空调系统等),如图2-23所示。同时,液体的流动必须在一定的压力下才能进行,所以要考虑使用泵来进行加压,加快液体的流动。

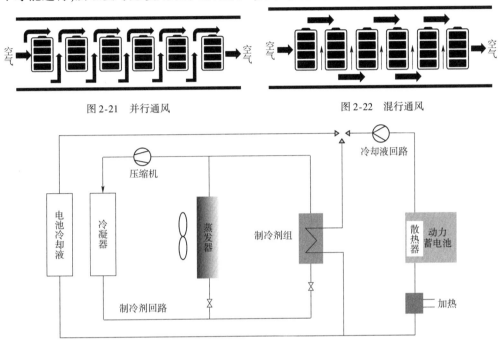

图2-21 并行通风　　　　　　　　图2-22 混行通风

图2-23 冷却系统结构图

液体冷却有较好的冷却效果,而且可以使动力蓄电池的温度分布均匀,但是液体冷却对动力蓄电池的密封性有很高的要求,如果采用水这类导电液体,需用水套将液体和单体蓄电池隔开,这样不仅增加了系统的复杂性而且降低了冷却效果。

一般冷却系统都是安装在蓄电池模块附近,原理和空调的制冷原理相似,冷却系统通过管路和单个蓄电池模块相连,管路里循环流动冷却液(一般是乙二醇),将单个蓄电池模块的热量带走,冷却系统将乙二醇制冷,多余热量通过风扇排到外界,而乙二醇再次循环进入蓄电池模块,继续吸收蓄电池散发的热量。蓄电池液冷系统内部结构如图2-24所示。

图2-24 动力蓄电池内部结构

3)基本构成

电动汽车冷却系统(无论是空冷系统,还是液冷系统)由冷却动力部件、传递路径、接头件、密封件、其他附件等部分组成。

(1)冷却动力部件:电动汽车动力蓄电池的风冷系统动力部件主要是风机或风扇;电动汽车动力蓄电池的液冷系统动力部件是水泵。

(2)传递路径:动力蓄电池的传递路径是指冷却系统介质流经的路径,风冷系统主要传递路径由风管组成,液冷系统主要传递路径由水管组成。

(3)接头件:动力蓄电池冷却传递路径不可避开地存在分叉,这些分叉部位需要接头件进行连接。

(4)密封件:冷却系统的密封件通常安装在进、出风口或液体位置。

(5)其他附件:冷却系统的其他附件主要是组成冷却系统的一些必备连接件、防尘件、卡环等。

任务确认

1.请认真阅读工作情境描述,用彩笔标记关键词,用一句话总结你需要完成的任务及要求。

工作要求

2.现需要与班组长(教师)进行沟通并确认车辆或者设备等相关信息,请你列出需要问的问题(表2-18)。

沟通问题　　　　　　　　　　　　　　　表2-18

序号	问题
1	
2	
3	
4	
5	
6	

三、决策

人员安排

请小组商量后,决定每个同学的角色及分工(表2-19)。

角色及分工　　　　　　　　　　　　　　表2-19

组员	角色及分工
学员A	操作员1
学员B	操作员2(辅助)
学员C	观察记录员
学员D	安全管理员

工具准备

请根据相应的任务需求,列出所需的工具设备清单(表2-20)。

工具设备清单　　　　　　　　　　　　　表2-20

序号	工具及材料名称	单位	数量	备注
1	高压防护服	件	6	
2	绝缘鞋	双	6	
3	安全帽	个	6	
4	护目镜	个	6	
5	绝缘手套	副	6	
6	万用表、绝缘电阻表	块	6	
7	动力蓄电池举升车	个	3	
8	绝缘工具套装	套	3	
9	冰点检测仪	台	3	
10	密封胶	条	18	
11	车辆	台	3	

注意事项

请根据操作条件及故障诊断的需求,列举出操作时的注意事项(表2-21)。

操作注意事项　　　　　　　　　　　　　　　　　　　表2-21

序号	维修工序内容	备注
1	查阅检验标准手册,查找问题,制订流程	
2	个人防护用品外观、性能及密封性检测	
3	防护用品试穿(戴)	
4	检查动力冷却系统部件	
5	车辆上电前要报告教师,批准后可上电	
6	严格按照规范流程操作	
7	复检	

信息归纳

1. 查阅资料,了解新能源汽车动力蓄电池冷却系统的检查与维护作业的基本要求,与小组内成员讨论,归纳总结,填写在下表中(表2-22)。

归纳基本要求　　　　　　　　　　　　　　　　　　　表2-22

序号	基本要求
1	
2	
3	
4	
5	

2. 编制动力蓄电池冷却系统的检查与维护作业的实施流程。

相关内容记录
(1)车辆信息记录
(2)新能源汽车动力蓄电池冷却系统的检查与维护作业方案编制

3. 教师对各小组的制订的作业方案进行点评,并进行修改完善。

优化后的实施方案

四 实施

动力蓄电池冷却系统检查与维护,操作流程见表2-23。

动力蓄电池冷却系统检查

操作流程 表2-23

动力蓄电池冷却系统检查与维护	
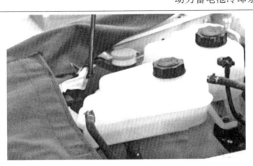 检查冷却液液位	(1)检查冷却液液位是否正常,并添加至最高位,并用冰点检测仪检测防冻液
 检查散热器及风扇	(2)检查散热器表面有无异物、是否堵塞,散热器片是否损坏,连接是否紧固

续上表

动力蓄电池冷却系统检查与维护	
 检查电子水泵	(3)检查电子水泵阀体有无损坏,低压插头是否正常,线束有无破损,连接是否紧固
 检查电子膨胀阀	(4)检查电子膨胀阀阀体有无损坏,低压插头是否正常,线束有无破损,连接是否紧固
 检查连接管路	(5)将车辆举升至合适高度,检查动力蓄电池冷却管路连接是否紧固,管路有无漏液、老化、裂纹、破损

五 检查

(1)检查车辆能否正常上电,是否有故障。
(2)动力蓄电池冷却系统是否存在泄露等问题。
(3)按照维修标准规范操作。
(4)整理,恢复作业场地。

动力蓄电池系统的检查与维护 | **学习任务二**

六 评估

活动总结

请根据工作过程撰写技术总结。

动力蓄电池冷却系统检查与维护作业技术总结
1.动力蓄电池冷却系统的检查与维护项目
2.动力蓄电池冷却系统检查与维护的操作流程
3.经验和不足

活动评价

1.结果检验(表2-24)。

结果检验　　　　　　　　　表2-24

序号	检查项目	结果(打√或×)
1	动力蓄电池冷却系统检查项目无遗漏	
2	动力蓄电池冷却系统部件检查操作正确	
3	冷却液检查操作正确	
4	实施过程中符合高压安全操作规范	
5	场地整理符合8S实训	

85

2. 根据下表进行学习过程评价表进行自评、互评、教师评价（表2-25）。

学习过程评价表 表2-25

动力蓄电池冷却系统检查与维护			实习日期：	
姓名：	班级：		学号：	教师签名：
自评：□熟练 □不熟练	互评：□熟练 □不熟练		师评：□合格 □不合格	
日期：	日期：		日期：	
动力蓄电池冷却系统检查与维护【评分细则】				

序号	评分项	得分条件	分值	评分要求	自评	互评	师评
1	安全/8S/态度	□1）能进行工位8S操作 □2）能进行工具安全检查 □3）能进行工具清洁、校准、存放操作 □4）能进行三不落地操作	15	未完成1项扣3分，扣分不得超过15分	□熟练 □不熟练	□熟练 □不熟练	□合格 □不合格
2	专业技能能力	□1）能正确地使用绝缘电阻表 □2）能正确地使用密封性检测仪 □3）能正确地检查动力蓄电池的冷却系统	40	未完成1项扣10分	□熟练 □不熟练	□熟练 □不熟练	□合格 □不合格
3	工具及设备的使用能力	□1）能正确地穿戴高压安全防护用具 □2）能正确地使用绝缘维修工具	20	未完成1项扣3分，扣分不得超过10分	□熟练 □不熟练	□熟练 □不熟练	□合格 □不合格
4	资料、信息查询能力	□1）能正确地使用维修手册查询资料 □2）能正确地记录所需维修信息	10	未完成1项扣3分	□熟练 □不熟练	□熟练 □不熟练	□合格 □不合格
5	数据判断和分析能力	□1）能判断动力蓄电池冷却系统是否正常	10	未完成1项扣3分	□熟练 □不熟练	□熟练 □不熟练	□合格 □不合格
6	表单填写报告的撰写能力	□1）字迹清晰 □2）语句通顺 □3）无错别字 □4）无涂改 □5）无抄袭	5	未完成1项扣1分，扣分不得超过5分	□熟练 □不熟练	□熟练 □不熟练	□合格 □不合格
总分：							

习题

一、填空题

1. 比亚迪 e5 的电源系统主要由 _____、_____、_____、电池冷却系统以及 _____ 等组成。

2. 比亚迪 e5 动力蓄电池包是由 _____、_____、动力蓄电池辅助装置和 _____ 构成。

3. 电池信息采集器采集左右电池组 _____、_____，_____ 检测高压绝缘情况，通过 CAN 总线将信息输送给主控盒。

4. 引起动力蓄电池热失控的因素主要有 _____、_____ 和 _____。

5. 比亚迪 e5 动力蓄电池的辅助装置主要有 _____、_____、密封条和蓄电池管理系统的电池采样线。

二、选择题

1. 单体电池电压过高会导致的故障是（　　）。
   A. 无法充电　　　　　　　　B. 断电保护
   C. 没有影响　　　　　　　　D. 都有可能

2. 一般要求单体电池的温差不超过（　　）。
   A. 3℃　　　　　　　　　　B. 5℃
   C. 10℃　　　　　　　　　 D. 20℃

3. 主流电动汽车动力蓄电池的冷却方式为（　　）。
   A. 风冷　　　　　　　　　　B. 液冷
   C. 直冷　　　　　　　　　　D. 热管

4. 高温引起的电池内部分解副反应有（　　）。
   A. SEI 膜分解　　　　　　　B. 电解液分解
   C. 负极与电解液分解　　　　D. 生成金属锂

5. 比亚迪 e5 的动力蓄电池管理系统 BMS 由（　　）组成。
   A. 电池管理控制器 BMC　　　B. BIC
   C. 电池采样线　　　　　　　D. 漏电传感器

三、判断题

1. 预充的主要作用是减少高压继电器在接触时产生的火花拉弧，降低冲击、增加安全性。（　　）

2. 磷酸铁锂电池的单体电池标称电压是 3.2V。（　　）

3. 风冷结构简单，质量相对较轻，没有发生漏液的可能，有害气体产生时能有效通风成本较低。（　　）

4. 主控盒是动力蓄电池管理系统的控制中心，用来控制总正继电器、加热继电器以及预充继电器，还通过 CAN 总线与 VCU 进行通信。（　　）

5. 钴酸锂离子蓄电池达到一定温度时,正极瞬时分解释氧,导致快速发生热失控,极易燃烧。 (　　)

四、简答题

1. 2019 款比亚迪 e5 进店进行检查与维护,写出动力蓄电池检查与维护作业的步骤。

2. 简述动力蓄电池冷却系统的基本组成及作用。

学习任务三
驱动电机系统的检查与维护

学习目标

知识目标

1. 能叙述驱动电机及电机控制系统的组成及其工作原理；
2. 能根据驱动电机及电机控制系统的组成及其工作原理，制订驱动电机及电机控制系统检查与维护计划；
3. 能叙述驱动电机冷却系统的组成及其工作原理；
4. 能根据驱动电机冷却系统的组成及其工作原理，制订驱动电机冷却系统检查与维护计划；
5. 能叙述驱动电机减速器的组成及其工作原理；
6. 能够叙述旋转变压器的结构及其工作原理；
7. 能根据驱动电机减速器的组成及其工作原理，制订驱动电机减速器检查与维护计划。

技能目标

1. 能根据驱动电机及电机控制系统检查与维护计划，完成驱动电机及电机控制系统的检查与维护；
2. 能根据驱动电机冷却系统检查与维护计划，完成驱动电机冷却系统的检查与维护；
3. 能根据驱动电机减速器检查与维护计划，完成驱动电机减速器的检查与维护。

素养目标

1. 严格执行新能源汽车高压下电维护标准操作规范；
2. 培养学生规范、严谨的高压操作安全意识；
3. 严格执行8S操作规范；
4. 培养学生尊师重道，品德先行。

参考学时

24学时

新能源汽车高压系统检查与维护

任务描述

一辆新能源汽车到达厂家规定的维护周期，客户接到汽车售后服务企业的车辆检查与维护通知，需要对驱动电机系统进行检查与维护。学生从班组长（教师扮演）处接受任务，确认汽车的使用情况，结合厂家技术规范，确定维护项目内容和作业流程；以双人合作的方式，按作业流程及规范在规定时间内对新能源汽车驱动电机系统进行检查，完成驱动电机系统的外观情况、固定情况、工作状况的检查以及冷却系统的检查与维护，实施相应的清洁、检查、润滑、紧固、调整、更换和补充等维护操作；对于发现的维修增项须经前台、客户确认后实施，自检合格后交付班组长进行质量检验；同时，学生应在教师指导下总结任务实施过程，撰写任务实施指导书，在工作过程中要具有成本意识，要遵守现场工作管理规范。

学习活动1 驱动电机及高压电控总成的检查与维护

一、资讯

情境描述

小王是某比亚迪新能源汽车4S店的维修工，接到工作任务：检查维护一辆比亚迪e5纯电动车辆，需要对该车辆的驱动电机及高压电控总成进行检查与维护。你能告诉小王如何对该车辆的驱动电机及高压电控总成进行检查与维护吗？

任务要求

请你根据情境描述，在规定的时间内，制订驱动电机及高压电控总成进行检查与维护的作业方案并按照方案进行实施：
1. 能查阅维修手册选择工具设备；
2. 查阅维修手册等资料，制订一份尽可能详细的驱动电机及高压电控总成进行检查与维护的作业流程，并全面而细致地说明采取此方案的理由；
3. 能根据计划规范完成驱动电机及高压电控总成进行检查与维护作业，同时列出在操作过程中需要注意的事项。

建议学时

8学时

二 计划

知识链接

1. 驱动电机功能

驱动电机、电控系统、动力蓄电池是电动汽车的核心部分，称为"三电"。在电动汽车上，驱动电机替代了传统汽车上的发动机和发电机，传统汽车通常是把化学能转换为机械能驱动车辆行驶，而驱动电机既可以将电能转换为机械能驱动汽车行驶，也可以作为发电机将机械能转换为电能，并存储在动力蓄电池。

电机旋转磁场和定子线圈共同作用产生转矩。与传统汽油机不同，电机没有怠速。即便车辆由静止到起步的临界状态，电机也可以产生最大转矩，可保证提供给车辆较好的加速度。如图 3-1 所示为新能源汽车驱动电机，图 3-2 所示为转矩与转速特性。

图 3-1　新能源汽车驱动电机

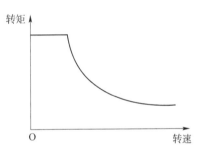

图 3-2　转矩与转速特性

2. 驱动电机的特点

1) 体积小、功率密度大

由于新能源汽车的整车空间有限，因此首先要求驱动电机的结构紧凑、尺寸要小。这就意味着电机系统(驱动电机+电机控制器)的尺寸将受到很大的限制，电机设计厂家必须想尽办法缩小驱动电机的体积，即提高电机的功率密度和转矩密度。尤其是民用的乘用车，对电机的体积限制要求很高，因此，业内一般选用高功率密度的永磁同步电机作为驱动电机的解决方案。

2) 效率高、高效区广、质量轻

新能源汽车驱动电机的第二个特点就是效率要高、高效区要广、质量要轻。续驶里程一直是新能源汽车的短板，而提升续驶里程的方法就是提升驱动电机的效率，保证每千瓦·时电都能发挥最大的用处。驱动电机的高效工况区要够广，保证汽车在大部分工况下的都是处于高效状态。减轻电机质量，也能间接降低整车的功耗，实现续驶里程提升。

3）安全性与舒适度

基于汽车用户的体验，新能源汽车驱动电机还需关注电机自身的安全性和舒适度。安全性可以理解成电机的可靠性，即电机在恶劣环境下能否正常工作，可通过高低温箱试验来进行安全性能检测。舒适度，即电机在运行时是否会对驾驶人产生体验上的不适，关注的是电机运行时的振动和噪声情况，如图 3-3 所示是提升安全性与舒适性的方法。

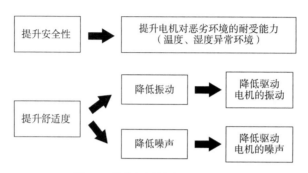

图 3-3　提升安全性与舒适性的方法

3. 驱动电机的类型

电机从很早以前就已经实用化，并且产品种类、形式也越来越丰富，主要包括有以下几种类型。

1）直流电机

直流电机是输出或输入为直流电能的旋转电机，它是能实现直流电能和机械能互相转换的电机。

如图 3-4 所示，是直流电机原理示意图，电枢绕组通过电刷接到直流电源上，绕组的旋转轴与机械负载相联。电流从电刷 A 流入电枢绕组，从电刷 B 流出。电枢电流 I_a 与磁场相互作用产生电磁力 f，其方向可用左手定则判定。这对电磁力所形成的电磁转矩 T，使电动机电枢逆时针方向旋转。当电枢转到如图 3-4 所示位置时，ab 边转到了 N 极下，cd 边转到了 S 极上。这时线圈电磁转矩的方向发生了改变，但由于换向器随同一起旋转，使得电刷 A 总是接触 N 极下的导线，而电刷 B 总是接触 S 极下的导线，故电流流动方向发生改变，电磁转矩方向不变。

伸开左手，使拇指与其余四个手指垂直，并且都与手掌在同一平面内；让磁感线从掌心流入，使四指指向电流方向；拇指所指方向就是通电导线在磁场所受安培力方向，如图 3-5 所示。

直流电机的励磁方式是指对励磁绕组如何供电、产生励磁磁通势而建立主磁场的问题。根据励磁方式的不同，直流电机可分为下列几种类型。

(1) 他励直流电机。励磁绕组与电枢绕组无连接关系，而由其他直流电源对励磁绕组供电的直流电机称为他励直流电机，接线如图 3-6a) 所示。图中 M 表示电动机。永磁直流电机也可看作他励直流电机。

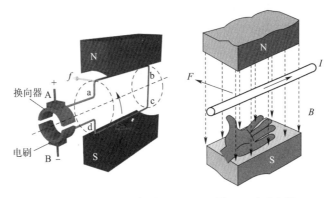

图 3-4 直流电机原理示意图　　图 3-5 左手定则

（2）并励直流电机。并励直流电机的励磁绕组与电枢绕组相并联，接线如图 3-6b）所示。作为并励发电机来说，是电机本身发出来的端电压为励磁绕组供电；作为并励电动机来说，励磁绕组与电枢共用同一电源，从性能上讲与他励直流电机相同。

（3）串励直流电机。串励直流电机的励磁绕组与电枢绕组串联后，再接于直流电源，接线如图 3-6c）所示。这种直流电机的励磁电流就是电枢电流。

（4）复励直流电机。复励直流电机有并励和串励两个励磁绕组，接线如图 3-6d）所示。若串励绕组产生的磁通势与并励绕组产生的磁通势方向相同称为积复励。若两个磁通势方向相反，则称为差复励。

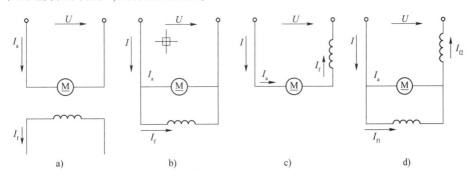

图 3-6 直流电机励磁方式

2）感应电机

感应电机，又称"异步电机"，即转子置于旋转磁场中，在旋转磁场的作用下，获得一个转动力矩，因而转子转动。转子是可转动的导体，通常多呈鼠笼状，图 3-7 所示是感应电机。

图 3-7 感应电机

感应电机的笼型导体是将棒状的导体排布在圆周上,在端部通过圆环短路。感应电机的内侧为线槽,在其内部缠绕绕组,绕组由 U、V、W 三组构成三相分布绕组。

三相分布绕组接通三相交流电流以后产生旋转磁场,通过磁场旋转移动,转子导体棒横穿磁场,根据右手法则,在转子内产生电动势,该电动势使得电流在转子导体内流动;再按照左手法则,由转子导体的电流与定子的励磁产生力,产生转矩。感应电机的主要特点是转子与定子磁场变化之间存在转速差。

3) 永磁同步电机

同步电机是指转子转速与定子旋转磁场的转速同步的电机,如图 3-8 所示是同步电机的结构示意图。

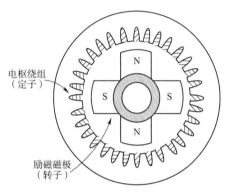

电机的转子为永磁磁体,转子磁体的 N 极、S 极随着定子绕组的旋转磁场磁极的移动而旋转,磁场产生磁通量,电枢完成电能与机械能的转换。

永磁同步电机主要是由转子、端盖及定子等各部件组成的。一般来说,永磁同步电机的最大的特点是它的定子结构与普通的感应电机的结构非常相似,主要是转子的独特的结构与其他电机形成了差别。和常用的异步电机的最大不同则是转子的独特的结构,在转子上放有

图 3-8 同步电机的结构示意图

高质量的永磁体磁极。由于在转子上安放永磁体的位置有很多选择,所以永磁同步电机通常会被分为两大类:内嵌式(IPM)、面贴式(SPM),如图 3-9 所示。

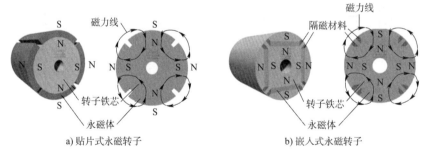

a) 贴片式永磁转子　　　　　　　　b) 嵌入式永磁转子

图 3-9 转子结构

用于汽车驱动的同步电机几乎都为旋转磁极式,转子使用永磁体。此外,同步电机开环控制容易产生脱离同步运转的情况,因此,需要对转子的磁极位置进行检测,根据磁极的变化改变定子三相电缆电流的供给。

永磁同步电动机由于转子是永磁体励磁,随着转速的升高,电压会逐渐达到逆变器所能输出的电压极限,这时要想继续升高转速只有靠调节定子电流的大小和相位增加直轴去磁电流来等效弱磁提高转速,电机的弱磁能力大小,主要与直轴电抗和反电势大小有关,但永磁体串联在直轴磁路中,所以直轴磁路一般磁阻较大,弱磁能力较

小,电机反电势较大时,也会降低电机的最高转速,如图3-10所示是永磁式电动机结构。

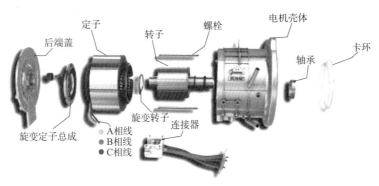

图3-10 永磁式电动机结构

4)磁阻电机

为了提高弱磁能力,针对永磁同步电机提出了改进电机本体结构,从电机结构的角度来研究弱磁能力,提出采用凸极式转子结构的永磁同步电机。凸极式转子结构就是转子的直轴磁阻大于交轴磁阻,表现为凸极电机的性质。这样,电机电磁转矩的组成就类似于普通的凸极永磁同步电机,由永磁转矩和磁阻转矩组成。然而,永磁磁阻式同步电机的电磁转矩又和普通凸极永磁同步电机有所不同,普通的凸极永磁同步电机的永磁磁场非常强,占转矩的主要成分,但同时也造成了高速弱磁的困难。而在永磁磁阻式同步电机中,永磁含有量较小,永磁的主要作用是励磁、提高功率因数、效率和较小逆变器的容量。由于永磁磁通量较小,因此,弱磁容易,有很高的恒功率比范围,图3-11所示是磁阻电机原理。

永磁磁阻式同步电机永磁含有量较小,因此,弱磁容易,可以很方便地解决永磁电动机的恒功率调节问题。

4. 旋转变压器

1)结构

旋转变压器主要由旋变定子和旋变转子组成,旋转变压器(简称旋变)是一种输出电压随转子转角变化的信号元件,如图3-12所示。当励磁绕组以一定频率的交流电压励磁时,输出绕组的电压幅值与转子转角成正弦、余弦函数关系,这种旋转变压器又称为正弦、余弦旋转变压器。传感器线圈(励磁、正弦、余弦三组线圈)固定在壳体上,信号线圈固定在转子上。

2)功用

旋转变压器是转子位置的传感器,用来检测驱动电机转子的位置和速度。旋转变压器输出信号经电机控制器解码后,可以获取电机的转速、转向、速度等信息。旋转变压器是一种利用气隙磁阻变化而输出信号变化的旋转变压器,是依据电磁感应原理,利用气隙变化和磁阻变化,而使输出绕组的感生电压随机械转角作相应正弦或余弦变化的角度传感元件。

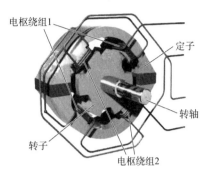

图 3-11 磁阻电机原理　　　　图 3-12 旋转变压器

3）工作原理

旋转变压器的工作原理近似与普通的变压器，当一次绕组输入一个信号，根据电磁感应原理，会在二次绕组产生一个输出信号。但与变压器不同的是，旋转变压器由于转子随着驱动电机转子轴在转动，一次绕组与二次绕组之间的有着相对运动，所以二次绕组输出的电压幅值也会产生变化。

由于旋转变压器在结构上保证了其定子和转子（旋转一周）之间空气间隙内磁通分布符合正弦规律。因此，当励磁电压加到定子绕组时，通过电磁耦合，转子绕组便产生感应电势。

驱动电机旋转时，带动旋变转子旋转。如图 3-13 所示，旋变器与电机控制器中间通过 6 根低压线速连接，2 根是电机控制器激励信号，另外 4 根分别是旋变器输出的正弦信号和余弦信号。6 根线当中任何一根线路出现故障都会导致驱动电机无法正常工作。

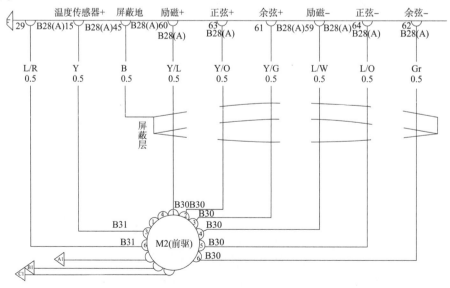

图 3-13 旋转变压器原理图

5. 驱动电机控制系统

1）电机控制器

电机控制器安装在前机舱内，采用 CAN 通讯控制，控制着动力蓄电池组到电机之间能量的传输，同时采集电机位置信号和三相电流检测信号，精确地控制驱动电机运行。

电机控制器是一个既能将动力蓄电池中的电能转换为交流电以驱动电机，同时具备将车轮旋转的动能转换为电能（交流电转换为直流电）给动力蓄电池充电的设备。车辆制动或滑行阶段，电机作为发电机应用。它可以完成有车轮旋转的动能到电能的转换，给蓄电池充电。

DC/DC 集成在电机控制器内部，其功能是将蓄电池的高压电转换低压电，提供整车低压系统供电。图 3-14 所示是能量传递路线。

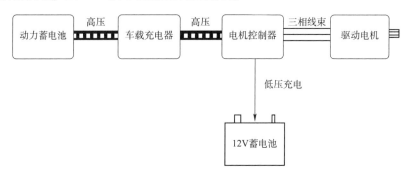

图 3-14　能量传递路线

2）加速踏板位置传感器

作为系统的安全性保障之一，加速踏板位置传感器设计成双输出传感器。两个传感器的输出电压信号都随加速踏板的位置增加而增加，如图 3-15 所示是加速踏板位置传感器参数曲线。

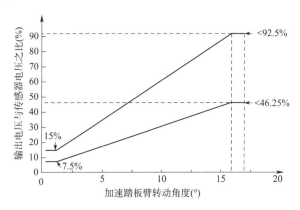

图 3-15　加速踏板位置传感器参数曲线

3）制动踏板开关

制动踏板开关：当驾驶员踩下制动踏板，表现制动或减速意图时，该开关将制动踏板位置信号转换成电压信号,通过硬线传递给 VCU。制动踏板开关内部有两组开关,一组为常闭开关,一组为常开开关。VCU 通过两组开关输出电压的变化判断驾驶员的制动或减速意图。如图 3-16 所示是制动踏板开关信号传递路线。

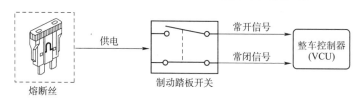

图 3-16　制动踏板开关信号传递路线

6. 驱动电机控制系统工作原理

1) 转矩控制模式

电机控制系统控制电机轴向四象限的转矩,由于没有转矩传感器,转矩指令(由整车控制器发送)被转换成为电流指令,并进行闭环控制。转矩控制模式只有在获得正确的初始偏移角度才能进行。

2) 静态模式

静态模式是电机控制器(PEU)处于被动状态(待机状态)或故障状态时被激活。

3) 主动放电模式

主动放电用于高压直流端电容的快速放电,主动放电指令来自整车控制器的指令或电机控制器(PEU)内部故障触发。

4) DC/DC 直流转换

电机控制器(PEU)中的 DC/DC 变换器将高压直流端的高压转换成指定的直流低压(12 伏低压系统)。低压设定值来自整车控制器指令。

任务确认

1. 请认真阅读工作情境描述,用彩笔标记关键词,用一句话总结你需要完成的任务及要求。

工作要求

2. 现需要与班组长(教师)进行沟通并确认车辆或者设备等相关信息,请你列出需要问的问题(表3-1)。

沟通问题　　　　　　　　　　　　　　　　　　表3-1

序号	问题
1	
2	
3	
4	
5	

三 决策

人员安排 》》》

请小组商量后,决定每个同学的角色及分工(表3-2)。

角色及分工　　　　　　　　　　　　　　　　　表3-2

组员	角色及分工
学员A	操作员1
学员B	操作员2(辅助)
学员C	观察记录员
学员D	安全管理员

工具准备 》》》

请根据相应的任务需求,列出所需的工具设备清单(表3-3)。

工具设备清单　　　　　　　　　　　　　　　　表3-3

序号	工具及材料名称	单位	数量	备注
1	高压防护服	件	6	
2	绝缘鞋	双	6	
3	安全帽	个	6	
4	护目镜	个	6	
5	绝缘手套	副	6	
6	万用表、绝缘电阻表	块	6	

续上表

序号	工具及材料名称	单位	数量	备注
7	动力蓄电池举升车	个	3	
8	绝缘工具套装	套	3	
9	车辆	台	3	

注意事项

请根据操作条件及故障诊断的需求,列举出操作时的注意事项(表3-4)。

操作注意事项　　　　　　　　　　表3-4

序号	维修工序内容	备注
1	查阅检验标准手册,查找问题,制订流程	
2	个人防护用品外观、性能及密封性检测	
3	防护用品试穿(戴)	
4	检查驱动电机外观、线束连接情况	
5	检查驱动电机	
6	检查高压电控总成	
7	车辆上电前要报告教师,批准后可上电	
8	严格按照规范流程操作	
9	复检	

信息归纳

1. 查阅资料,了解新能源汽车驱动电机及高压电控总成的检查与维护作业的基本要求,与小组内成员讨论,归纳总结,填写在下表中(表3-5)。

归纳基本要求　　　　　　　　　　表3-5

序号	基本要求
1	
2	
3	
4	
5	

2. 编制新能源汽车驱动电机及高压电控总成检查与维护作业的实施流程。

驱动电机系统的检查与维护 | 学习任务三

相关内容记录
(1) 车辆信息记录   (2) 新能源汽车驱动电机及高压电控总成检查与维护作业方案编制

3. 教师对各小组的制订的作业方案进行点评,并进行修改完善。

优化后的实施方案

四 实施

驱动电机及高压电控总成的检查与维护操作流程,见表3-6。

操作流程　　　　　　　　　　　　　　　　　　　　　表3-6

驱动电机及高压电控总成的检查与维护	
 测量电机冷态绝缘电阻	(1) 检测电机冷态绝缘电阻。 提示:①绝缘电阻表电压等级:1000V; 　　　②单手操作; 　　　③参考标准:≥20MΩ

续上表

驱动电机及高压电控总成的检查与维护	
  测量温度传感器与三相线绝缘电阻	（2）检测温度传感器与三相线绝缘电阻。 提示：①绝缘电阻表电压等级：1000V； ②单手操作； ③参考标准：≥20MΩ
 测量三相绕组短路	（3）三相绕组短路测量。 提示：参考标准为任意两相电阻值在25mΩ±5mΩ区间内，且三组数值相差在2mΩ以内
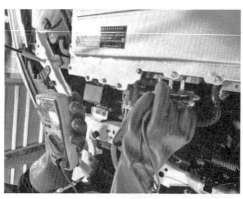 测量绕组断路	（4）绕组断路检测。 提示：不能为0V

续上表

驱动电机及高压电控总成的检查与维护	
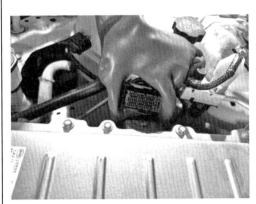 测量旋变器	(5)旋变器的检测。 提示:点火开关 OFF。 励磁线圈:正常 8Ω±2Ω 之间; 正弦线圈:正常 16Ω±2Ω 之间; 余弦线圈:正常 14Ω±2Ω 之间
 测量温度传感器	(6)温度传感器的检测。 提示:测量条件 10℃~40℃,温度传感器电阻值:80kΩ~120kΩ 之间

五、检查

(1)万用表使用方法正确,并在使用前规范校准万用表。

(2)绝缘电阻表使用方法正确,并在使用前规范校准绝缘电阻表。

(3)测量操作时动作规范标准,在测量时注意不能造成电路元器件及测量工具的损坏。

(4)检查车辆能否正常上电,是否有故障。

(5)按照维修标准规范操作。

(6)整理,恢复作业场地。

六  评估

活动总结

请根据工作过程撰写技术总结。

驱动电机及高压电控总成检查与维护作业技术总结
1. 驱动电机及高压电控总成检查与维护项目
2. 驱动电机及高压电控总成检查与维护的操作流程
3. 经验和不足

活动评价

1. 结果检验（表3-7）。

结果检验　　　　　　　　　　　　　　　表3-7

序号	检查项目	结果（打√或×）
1	驱动电机外观检查项目无遗漏	
2	驱动电机绝缘检测操作正确	
3	高压电控总成检查操作正确	
4	实施过程中符合高压安全操作规范	
5	场地整理符合8S实训	

2. 根据下表进行学习过程评价表进行自评、互评、教师评价(表3-8)。

学习过程评价表 表3-8

驱动电机及高压电控总成检查与维护				实习日期:			
姓名:		班级:		学号:		教师签名:	
自评:□熟练□不熟练		互评:□熟练□不熟练		师评:□合格□不合格			
日期:		日期:		日期:			
驱动电机及高压电控总成检查与维护【评分细则】							
序号	评分项	得分条件	分值	评分要求	自评	互评	师评
1	安全/8S/态度	□1)能进行工位8S操作 □2)能进行工具安全检查 □3)能进行工具清洁、校准、存放操作 □4)能进行三不落地操作	15	未完成1项扣3分,扣分不得超过15分	□熟练 □不熟练	□熟练 □不熟练	□合格 □不合格
2	专业技能能力	□1)能正确地使用绝缘电阻表 □2)能正确地使用密封性检测仪 □3)能正确地检查驱动电机的绝缘性能 □4)能正确地检查高压电控总成	40	未完成1项扣10分	□熟练 □不熟练	□熟练 □不熟练	□合格 □不合格
3	工具及设备的使用能力	□1)能正确地穿戴高压安全防护用具 □2)能正确地使用绝缘维修工具	20	未完成1项扣3分,扣分不得超过10分	□熟练 □不熟练	□熟练 □不熟练	□合格 □不合格
4	资料、信息查询能力	□1)能正确地使用维修手册查询资料 □2)能正确地记录所需维修信息	10	未完成1项扣3分	□熟练 □不熟练	□熟练 □不熟练	□合格 □不合格
5	数据判断和分析能力	□1)能判断驱动电机绝缘性能是否正常	10	未完成1项扣3分	□熟练 □不熟练	□熟练 □不熟练	□合格 □不合格
6	表单填写报告的撰写能力	□1)字迹清晰 □2)语句通顺 □3)无错别字 □4)无涂改 □5)无抄袭	5	未完成1项扣1分,扣分不得超过5分	□熟练 □不熟练	□熟练 □不熟练	□合格 □不合格
总分:							

学习活动 2　驱动电机冷却系统的检查与维护

一、资讯

情境描述

小王是某比亚迪新能源汽车4S店的维修工,接到工作任务:检查维护一辆比亚迪e5纯电动车辆,需要对该车辆的驱动电机冷却系统进行检查与维护。你能告诉小王如何对该车辆的驱动电机冷却系统进行检查与维护吗?

任务要求

请你根据情境描述,在规定的时间内,制订驱动电机冷却系统进行检查与维护的作业方案并按照方案进行实施:

1. 能查阅维修手册选择工具设备;

2. 查阅维修手册等资料,制订一份尽可能详细的驱动电机冷却系统进行检查与维护的作业流程,并全面而细致地说明采取此方案的理由;

3. 能根据计划规范完成驱动电机冷却系统进行检查与维护作业,同时列出在操作过程中需要注意的事项。

建议学时

8学时

二、计划

知识链接

1. 冷却系统的功用

电动汽车电驱系统中的驱动电机和电机控制器,在工作过程中会产生大量热量,这些热量会对电驱系统的正常工作和使用寿命造成不良影响。

电机在运行过程中产生的热对电机的物理、电气和组成部件都有严重的影响,而电机的绝缘能力也有温度的限制,超过极限后可能失去绝缘能力,造成严重后果。

为保证电驱系统在运行过程中所产生的热量能够及时散发出去,需要对电机驱动系统的驱动电机和电机控制器进行冷却，以确保它们在适宜的温度范围内工作，如图 3-17 所示。

2. 冷却系统的类型

驱动电机及控制器的冷却系统一般分为自然散热、风冷散热和液体循环散热三种。

多数电动汽车采用液体循环散热，主要是依靠冷却水泵运转带动冷却液循环流动，带走电动机与控制器的热量，通过散热器和冷却风扇与环境进行热交换。保证电驱动系统在正常温度范围内准确工作，如图 3-18 所示。

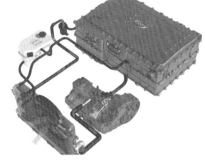

图 3-17　驱动电机冷却系统

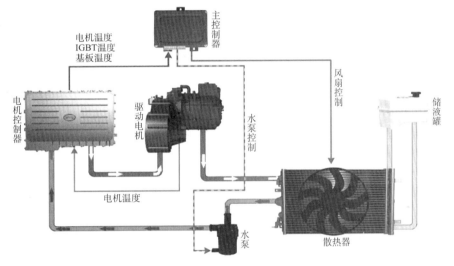

图 3-18　驱动电机水冷却系统

3. 冷却系统的结构组成

如图 3-19 所示，纯电动汽车冷却系统主要有散热器、副水箱、水泵、高压电控总成、电机组成。

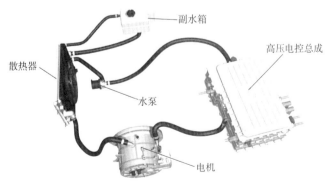

图 3-19　冷却系统的组成

4.冷却系统的工作原理

如图3-20所示,电动汽车的驱动电机及控制器的冷却系统主要依靠冷却水泵运转带动冷却液在冷却管道中循环流动,带走电动机与控制器工作时产生的热量,在散热器总成里与外界冷空气进行热交换,把系统中的热量传递到环境中去。

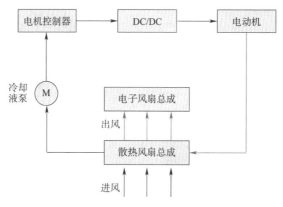

图3-20 冷却系统示意图

冷却液温度信号由控制器经过CAN总线传送冷却液温度信号到组合仪表。组合仪表上就会实时显示冷却液的温度,如果冷却液温度变得过高,则组合仪表上的警示灯和消息将提醒驾驶员。

5.冷却系统主要部件结构原理

1)散热器

(1)结构。

比亚迪的散热器属于横流式散热器,其主要由左储水室、右储水室、散热器片、散热器芯、进水管接口、出水管接口、放水螺栓以及溢流管接口等部件组成,如图3-21所示。

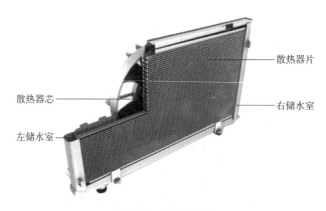

图3-21 散热器结构

(2)工作原理。

如图3-22所示,散热器各散热片之间留有空隙,空气从散热片的空隙中通过,冷却液在散热器芯内流动,冷却空气将冷却液中的热量带走,散热器实质上是一个热交换器,接触面积增大,散热效果越好。

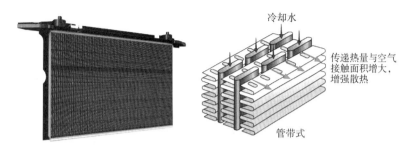

图 3-22　散热器原理

2）散热风扇

（1）结构。

散热风扇组件主要是由冷却风扇、导热罩和电动机等部件组成,如图 3-23 所示。

（2）工作原理。

当风扇旋转时吸进空气使其通过散热器,以增强散热器的散热能力,加速冷却液的冷却,保证电动汽车主要发热部件始终能在最适宜的温度下正常工作。

3）膨胀水箱

（1）结构。

膨胀水箱由溢流管接口、膨胀水箱、壳体、补偿管接口组成。一般选用白色或者淡黄色等浅色系,并且在膨胀水箱外部压制"MAX"和"MIN"刻度标示,便于观察冷却液液位,如图 3-24 所示。

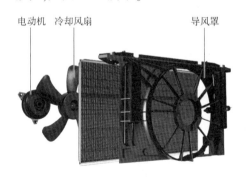

图 3-23　散热风扇结构

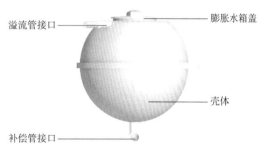

图 3-24　膨胀水箱结构

（2）工作原理。

膨胀水箱主要的作用就是冷却液温度升高,冷却液体积发生膨胀,散热器里膨胀的冷却液会回流到膨胀水箱,防止散热器压力过高,相反当散热器里的冷却液不足时则补充散热器水位。

如图 3-25 所示,车辆冷却液温度过高时,产生的蒸汽在散热器中流动通过导管进入膨胀水箱,从而使其汽水彻底的分离。膨胀水箱内的冷却液温度一般就比较低,可以让气体得到一定的冷却,然后再重新进入水泵继续使用,让相应的气体产生其缓存的作用,从而使得冷却系统的压力保持标准的状态。

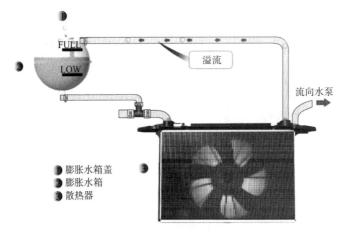

图 3-25　膨胀水箱原理

4)电动水泵

(1)结构。

电动水泵主要由电机壳体、碳刷架、碳刷、转子、永久磁铁、水泵底盖、叶轮、外壳组成,如图 3-26 所示。

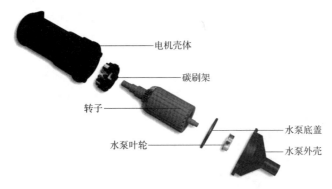

图 3-26　电动水泵结构

(2)工作原理。

如图 3-27 所示,电动水泵的功能主要是对冷却液进行加压,保证其在冷却系统中能够不间断的循环流动。水泵是整个冷却系统唯一的动力元件,负责为冷却液的循环提供机械能。由于电动汽车和传统汽车有着一定的区别,电动汽车的水泵驱动方式由机械传动变为电机驱动。

5)冷却液温度传感器

(1)结构。

冷却液温度传感器主要由铜壳体、绝缘壳体、针脚、绝缘套和热敏电阻组成,如图 3-28 所示。

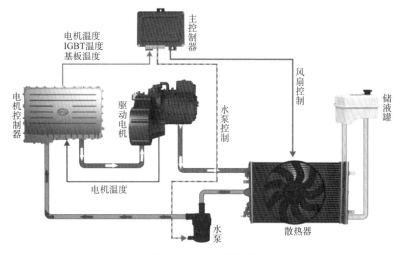

图 3-27 电动水泵原理

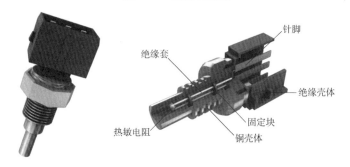

图 3-28 冷却液温度传感器结构

（2）工作原理。

如图 3-29 所示，冷却液温度传感器为负温度系数电阻计，即随着温度的升高，其电阻值下降。主控器通过传感器电阻的变化后测量其电压值，并推算出冷却液温度。

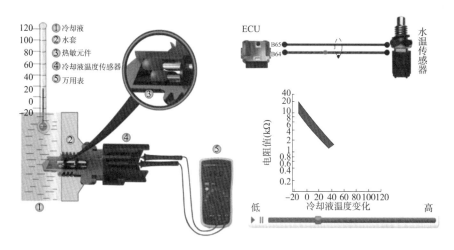

图 3-29 冷却液温度传感器原理

新能源汽车高压系统检查与维护

任务确认

1. 请认真阅读工作情境描述,用彩笔标记关键词,用一句话总结你需要完成的任务及要求。

工作要求

2. 现需要与班组长(教师)进行沟通并确认车辆或者设备等相关信息,请你列出需要问的问题(表3-9)。

沟通问题　　　　　　　　　　　　　　　　　　　　　　　　　　表3-9

序号	问题
1	
2	
3	
4	
5	
6	

 决策

 人员安排

请小组商量后,决定每个同学的角色及分工(表3-10)。

驱动电机系统的检查与维护 | 学习任务三

角色及分工　　　　　　　　　　　　　　　　　　　　　　表 3-10

组员	角色及分工
学员 A	操作员 1
学员 B	操作员 2（辅助）
学员 C	观察记录员
学员 D	安全管理员

工具准备 〉〉〉

请根据相应的任务需求，列出所需的工具设备清单（表 3-11）。

工具设备清单　　　　　　　　　　　　　　　　　　　　　　表 3-11

序号	工具及材料名称	单位	数量	备注
1	高压防护服	件	6	
2	绝缘鞋	双	6	
3	安全帽	个	6	
4	护目镜	个	6	
5	绝缘手套	副	6	
6	万用表、绝缘电阻表	块	6	
7	绝缘工具套装	套	3	
8	车辆	台	3	

注意事项 〉〉〉

请根据操作条件及故障诊断的需求，列举出操作时的注意事项（表 3-12）。

操作注意事项　　　　　　　　　　　　　　　　　　　　　　表 3-12

序号	维修工序内容	备注
1	查阅检验标准手册，查找问题，制订流程	
2	个人防护用品外观、性能及密封性检测	
3	防护用品试穿（戴）	
4	检查散热器总成外观、线束连接情况	
5	检查电子水泵外观、线束连接情况	
6	检查冷却管路外观、线束连接情况	
7	检查冷却液液位及品质	
8	车辆上电前要报告教师，批准后可上电	
9	严格按照规范流程操作	
10	复检	

新能源汽车高压系统检查与维护

信息归纳

1.查阅资料,了解新能源汽车驱动电机冷却系统的检查与维护作业的基本要求,与小组内成员讨论,归纳总结,填写在下表中(表3-13)。

归纳基本要求　　　　　　　　　　　　　　　表3-13

序号	基本要求
1	
2	
3	
4	
5	

2.编制新能源汽车驱动电机冷却系统检查与维护作业的实施流程。

相关内容记录
(1)车辆信息记录
(2)新能源汽车驱动电机冷却系统检查与维护作业方案编制

3.教师对各小组的制订的作业方案进行点评,并进行修改完善。

优化后的实施方案

四、实施

驱动电机冷却系统的检查与维护操作流程,见表 3-14。

操作流程　　　　　　　　　　　　　　　　表 3-14

驱动电机冷却系统的检查与维护	
 检查冷却液液位	(1)检查冷却液液位是否正常,并添加至最高位,并用冰点检测仪检测防冻液
 检查散热器、风扇、管路	(2)检查散热器表面有无异物、是否堵塞,散热器片是否损坏、连接是否紧固,冷却液管路有无裂纹、损坏
 检查温度传感器	(3)测量温度传感器电阻是否正常,插头是否紧固。 提示:测量条件 10℃~40℃,温度传感器电阻值:80kΩ~120kΩ 之间

五 检查

(1) 万用表使用方法正确,并在使用前规范校准万用表。
(2) 绝缘电阻表使用方法正确,并在使用前规范校准绝缘电阻表。
(3) 测量操作时动作规范标准,在测量时注意不能造成电路元器件及测量工具的损坏。
(4) 检查车辆能否正常上电,是否有故障。
(5) 按照维修标准规范操作。
(6) 整理,恢复作业场地。

六 评估

活动总结

请根据工作过程撰写技术总结。

驱动电机冷却系统检查与维护作业技术总结
1. 驱动电机冷却系统检查与维护项目
2. 驱动电机冷却系统检查与维护的操作流程
3. 经验和不足

活动评价

1. 结果检验(表3-15)。

结果检验　　　　　　　　　　　　　　　　　　　　表3-15

序号	检查项目	结果(打√或×)
1	散热器总成外观检查项目无遗漏	
2	电子水泵外观检查项目无遗漏	
3	冷却管路外观检查项目无遗漏	
4	实施过程中符合高压安全操作规范	
5	场地整理符合8S实训	

2. 根据下表进行学习过程评价表进行自评、互评、教师评价(表3-16)。

学习过程评价表　　　　　　　　　　　　　　　　　表3-16

驱动电机冷却系统的检查与维护			实习日期：		
姓名：	班级：		学号：		教师签名：
自评：□熟练□不熟练	互评：□熟练□不熟练		师评：□合格□不合格		
日期：	日期：		日期：		
驱动电机冷却系统的检查与维护【评分细则】					
序号	评分项	得分条件	分值	评分要求	自评	互评	师评

序号	评分项	得分条件	分值	评分要求	自评	互评	师评
1	安全/8S/态度	□1)能进行工位8S操作 □2)能进行工具安全检查 □3)能进行工具清洁、校准、存放操作 □4)能进行三不落地操作	15	未完成1项扣3分,扣分不得超过15分	□熟练 □不熟练	□熟练 □不熟练	□合格 □不合格
2	专业技能能力	□1)能正确地使用绝缘电阻仪 □2)能正确地使用密封性检测仪 □3)能正确地检查驱动电机冷却系统	40	未完成1项扣10分	□熟练 □不熟练	□熟练 □不熟练	□合格 □不合格
3	工具及设备的使用能力	□1)能正确地穿戴高压安全防护用具 □2)能正确地使用绝缘维修工具	20	未完成1项扣3分,扣分不得超过10分	□熟练 □不熟练	□熟练 □不熟练	□合格 □不合格

续上表

序号	评分项	得分条件	分值	评分要求	自评	互评	师评
4	资料、信息查询能力	□1）能正确地使用维修手册查询资料 □2）能正确地记录所需维修信息	10	未完成 1项扣3分	□熟练 □不熟练	□熟练 □不熟练	□合格 □不合格
5	数据判断和分析能力	□1）能判断驱动电机冷却液性能是否正常	10	未完成 1项扣3分	□熟练 □不熟练	□熟练 □不熟练	□合格 □不合格
6	表单填写报告的撰写能力	□1）字迹清晰 □2）语句通顺 □3）无错别字 □4）无涂改 □5）无抄袭	5	未完成 1项扣1分，扣分不得超过5分	□熟练 □不熟练	□熟练 □不熟练	□合格 □不合格
总分：							

学习活动3　驱动电机减速器的检查与维护

一　资讯

情境描述

小王是某比亚迪新能源汽车4S店的维修工，接到工作任务：检查维护一辆比亚迪e5纯电动车辆，需要对该车辆的驱动电机减速器进行检查与维护。你能告诉小王如何对该车辆的驱动电机减速器进行检查与维护吗？

任务要求

请你根据情境描述，在规定的时间内，制订驱动电机减速器进行检查与维护的作业方案并按照方案进行实施：

1. 能查阅维修手册选择工具设备；
2. 查阅维修手册等资料，制订一份尽可能详细的驱动电机减速器进行检查与维护的作业流程，并全面而细致地说明采取此方案的理由；
3. 能根据计划规范完成驱动电机减速器进行检查与维护作业，同时列出在操作过程中需要注意的事项。

建议学时

8 学时

计划

知识链接

1. 减速器的功用

减速器是汽车传动系中减小转速、增大扭矩的主要部件。虽然纯电动汽车电机输出转速范围比传统汽车发动机要宽泛，但是纯电动汽车为了输出更大的扭矩需要更大的功率的电机，而采用减速器甚至变速器能够有效改变传动比，实现转速和扭矩的变化。

2. 动力传递路线

如图 3-30 所示，动力传递路线为：驱动电机→输入轴→输入轴轴齿→中间轴齿轮→中间轴轴齿→差速器半轴齿轮→左右半轴→左右车轮。

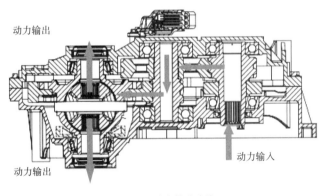

图 3-30　动力传递路线

3. 减速器安装位置

如图 3-31 所示，减速器安装在前机舱动力总成支架下方，和驱动电机连接在一起。

4. 减速器的控制原理

驾驶员操作电子换挡器进入 P 挡，电子换挡器将驻车请求信号发送到整车控制器（VCU）。VCU 结合当前驱动电机转速及轮速情况，判断是否符合驻车条件，符合驻车条件时，VCU 发送驻车指令到 TCU，TCU 根据驻车条件判断是否进行

图 3-31　减速器安装位置

驻车，TCU 控制驻车电机进入 P 挡，锁止减速器。驻车完成后 TCU 将收到减速器发出的 P 挡位置信号，并将此信号反馈给 VCU，完成换挡过程。

驾驶员操作电子换挡器退出 P 挡，电子换挡器将解除驻车请求信号发送给整车控制器（VCU），VCU 结合当前驱动电机转速及轮速情况，判断是否满足解除驻车条件。符合解除条件时，VCU 发送解除驻车指令到 TCU。TCU 根据解锁条件判断是否进行解锁，TCU 控制电机解除 P 挡锁止减速器。解除驻车完成后 TCU 将收到减速器发出的挡位位置信号，并将此信号反馈给 VCU 完成换挡过程，如图 3-32 所示。

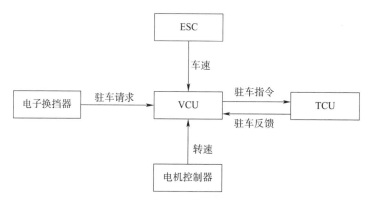

图 3-32　驻车控制流程图

TCU 控制减速器上的换挡电动机。驻车电机有一个编码器，输入 4-bit 代码用来确定驻车电机位置。TCU 接口通过汽车 CAN 总线接收来自其他车辆系统的信息（驱动电机转速、车速、驻车请求等）。TCU 接收相关的换挡条件和换挡请求，直接控制驻车电机驱动棘爪扣入或松开棘轮，达到驻车或解除驻车功能，如图 3-33 所示。

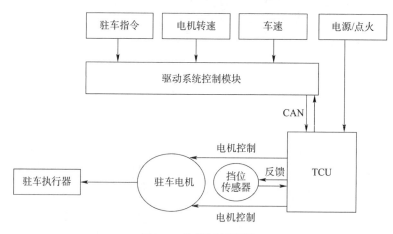

图 3-33　驻车控制系统图

5. 减速器的结构组成

比亚迪 e5 的减速器主要由主减速器、中间轴输入齿轮、中间轴输出齿轮、输入轴齿轮、主轴、驻车电机等部件组成，如图 3-34 所示。

图 3-34 减速器组成

 任务确认

1. 请认真阅读工作情境描述,用彩笔标记关键词,用一句话总结你需要完成的任务及要求。

工作要求

2. 现需要与班组长(教师)进行沟通并确认车辆或者设备等相关信息,请你列出需要问的问题(表3-17)。

沟通问题　　　　　　　　　　　　　表3-17

序号	问题
1	
2	
3	
4	
5	

三、决策

人员安排

请小组商量后,决定每个同学的角色及分工(表3-18)。

角色及分工　　　　　　　　　　　表3-18

组员	角色及分工
学员 A	操作员 1
学员 B	操作员 2(辅助)
学员 C	观察记录员
学员 D	安全管理员

工具准备

请根据相应的任务需求,列出所需的工具设备清单(表3-19)。

工具设备清单　　　　　　　　　　表3-19

序号	工具及材料名称	单位	数量	备注
1	高压防护服	件	6	
2	绝缘鞋	双	6	
3	安全帽	个	6	
4	护目镜	个	6	
5	绝缘手套	副	6	
6	万用表、绝缘电阻表	块	6	
7	绝缘工具套装	套	3	
8	行云桥工具车	套	3	
9	车辆	台	3	

注意事项

请根据操作条件及故障诊断的需求,列举出操作时的注意事项(表3-20)。

操作注意事项 表3-20

序号	维修工序内容	备注
1	查阅检验标准手册,查找问题,制订流程	
2	个人防护用品外观、性能及密封性检测	
3	防护用品试穿(戴)	
4	检查主减速器外观	
5	检查中间轴外观	
6	检查主轴外观	
7	检查轴承转动情况	
8	严格按照规范流程操作	
9	复检	

信息归纳

1. 查阅资料,了解新能源汽车驱动电机减速器的检查与维护作业的基本要求,与小组内成员讨论,归纳总结,填写在下表中(表3-21)。

归纳基本要求 表3-21

序号	基本要求
1	
2	
3	
4	
5	

2. 编制新能源汽车驱动电机减速器检查与维护作业的实施流程。

相关内容记录
(1)车辆信息记录
(2)新能源汽车驱动电机减速器检查与维护作业方案编制

新能源汽车高压系统检查与维护

3.教师对各小组的制定的作业方案进行点评,并进行修改完善。

优化后的实施方案

四 实施

驱动电机减速器的检查与维护操作流程,见表3-22。

驱动电机减速器检查

操作流程　　　　　　　　　　　　　　　　表3-22

驱动电机减速器的检查与维护	
 分离电机和减速器	(1)使用指针式扭力扳手、19号套筒拧开电机与减速器8颗连接螺栓(均匀交错松开),摇动动力总成拆装实训台侧边摇柄,分离电机与减速器
 拆卸端盖	(2)使用棘轮扳手、22号套筒拆下减速器放油螺栓;使用棘轮扳手、10号套筒拆掉减速器接合面固定螺栓。 提示:橡皮锤轻敲后端盖至结合面分开后,取下减速器后端盖

续上表

驱动减速器的检查与维护	
 拆卸减速器总成螺栓	（3）使用棘轮扳手、10号套筒拆掉前端盖侧6颗减速器轴固定螺栓。 提示：摇动翻转架摇柄，使齿轮组向上倾斜45°
 拆卸减速器	（4）摇动翻转架摇柄，放平减速箱（齿轮组朝上），使用千斤顶从下方缓缓向上顶动减速器轴，减速器轴齿轮与中间轴齿轮脱离
 检查减速器	（5）取出减速器轴总成，放置在齿轮组放置架上，目视检查减速器齿轮有无损伤，转动减速器轴轴承，观察有无异响
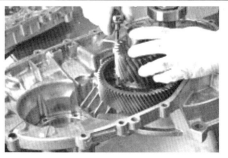 拆卸中间轴	（6）使用棘轮扳手、8号套筒拆卸中间轴齿轮下方3颗固定螺栓，取出中间轴

续上表

驱动减速器的检查与维护	
 检查中间轴	(7)取出中间轴总成放置在齿轮组放置架上,目视检查中间轴齿轮有无损伤
 拆卸中间轴	(8)使用棘轮扳手、8号套筒拆卸主轴固定螺栓
 检查主轴	(9)取出主轴总成放置在齿轮组放置架上,目视检查中间轴齿轮有无损伤
 拆卸并检查轴承	(10)取出中间轴后轴承固定卡簧,使用专用冲击锤拉拔器拉出中间轴后轴承,转动中间轴后轴承,观察有无异响。 提示:冲击锤拉拔器有两个脚,需要对准轴承安装面缺口

续上表

驱动减速器的检查与维护	
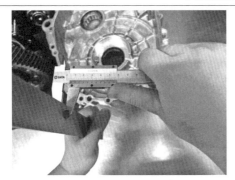 测量基准尺厚度	（11）使用游标卡尺测量基准尺厚度
 测量深度	（12）使用深度尺测量后端盖结合面到减速器后轴承安装面深度。 提示：测量三点，求平均值（需要借用基准尺，并结果要减去基准尺厚度）
 测量高度	（13）使用数显高度尺测量前端盖结合面到减速器后轴承上端面高度。 提示：测量三点，求平均值（需要借用基准尺，并结果要减去基准尺厚度），计算减速器轴总成安装间隙，并参照维修手册选用合适调整垫片厚度

五、检查

（1）游标卡尺使用方法正确，并在使用前规范校准游标卡尺。
（2）深度尺使用方法正确，并在使用前规范校准深度尺。
（3）高度尺使用方法正确，并在使用前规范校准高度尺。
（4）测量操作时动作规范标准，在测量时注意不能造成元器件及测量工具的损坏。

新能源汽车高压系统检查与维护

(5)检查车辆能否正常上电,是否有故障。
(6)按照维修标准规范操作。
(7)整理,恢复作业场地。

 评估

 活动总结 >>>

请根据工作过程撰写技术总结。

驱动电机减速器的检查与维护作业技术总结
1. 驱动电机减速器检查与维护项目
2. 驱动电机减速器检查与维护的操作流程
3. 经验和不足

活动评价

1. 结果检验（表3-23）。

结果检验　　　　　　　　　　　　　　　表3-23

序号	检查项目	结果（打√或×）
1	主减速器外观检查项目无遗漏	
2	中间轴外观检查项目无遗漏	
3	主轴外观检查项目无遗漏	
4	轴承外观检查项目无遗漏	
5	实施过程中符合高压安全操作规范	
6	场地整理符合8S实训	

2. 根据下表进行学习过程评价表进行自评、互评、教师评价（表3-24）。

学习过程评价表　　　　　　　　　　　　表3-24

驱动电机减速器检查与维护		实习日期：	
姓名：	班级：	学号：	教师签名：
自评：□熟练□不熟练	互评：□熟练□不熟练	师评：□合格□不合格	
日期：	日期：	日期：	
驱动电机减速器检查与维护【评分细则】							

序号	评分项	得分条件	分值	评分要求	自评	互评	师评
1	安全/8S/态度	□1）能进行工位8S操作 □2）能进行工具安全检查 □3）能进行工具清洁、校准、存放操作 □4）能进行三不落地操作	15	未完成1项扣3分，扣分不得超过15分	□熟练 □不熟练	□熟练 □不熟练	□合格 □不合格
2	专业技能能力	□1）能正确地拆装工具 □2）能正确地检查驱动电机减速器	40	未完成1项扣10分	□熟练 □不熟练	□熟练 □不熟练	□合格 □不合格
3	工具及设备的使用能力	□1）能正确地穿戴高压安全防护用具 □2）能正确地使用绝缘维修工具	20	未完成1项扣3分，扣分不得超过10分	□熟练 □不熟练	□熟练 □不熟练	□合格 □不合格

续上表

序号	评分项	得分条件	分值	评分要求	自评	互评	师评
4	资料、信息查询能力	□1) 能正确地使用维修手册查询资料 □2) 能正确地记录所需维修信息	10	未完成1项扣3分	□熟练 □不熟练	□熟练 □不熟练	□合格 □不合格
5	数据判断和分析能力	□1) 能判断驱动电机减速器性能是否正常	10	未完成1项扣3分	□熟练 □不熟练	□熟练 □不熟练	□合格 □不合格
6	表单填写报告的撰写能力	□1) 字迹清晰 □2) 语句通顺 □3) 无错别字 □4) 无涂改 □5) 无抄袭	5	未完成1项扣1分,扣分不得超过5分	□熟练 □不熟练	□熟练 □不熟练	□合格 □不合格
总分:							

习题

一、填空题

1. 驱动电机具有_____、_____、_____、_____的特点。
2. 驱动电机及控制器的冷却系统一般分为_____、_____和液体循环散热三种。
3. 散热风扇组件主要是由_____、_____和_____等部件组成。
4. 纯电动汽车动力总成冷却系统主要由_____、_____、水泵、_____、_____组成。
5. 比亚迪 e5 膨胀水箱由_____、_____、_____、补偿管接口组成。

二、选择题

1. 驱动电机冷却方式冷却效果最好的是(　　)。
   A. 自然冷却　　　B. 风冷　　　C. 水冷　　　D. 直接风扇冷却
2. 驱动电机过热,造成故障的原因不可能是(　　)。
   A. 冷却液缺少　　　　　　　　B. 电动冷却液泵损坏
   C. 电动冷却液泵不工作　　　　D. 电子风扇常转
3. 电机定子铁芯、定子绕组在运动过程中都会产生损耗,这些损耗以(　　)的形式向外发散。
   A. 热量　　　B. 容量　　　C. 电量　　　D. 流量
4. 特斯拉电机为自主研发的(　　)电机。
   A. 三相感应　　B. 永磁同步　　C. 三相交流　　D. 直流

5. 电机控制器安装在前舱内,采用( )通信控制。
   A. CAN　　　　　B. LIN　　　　　C. 数据　　　　　D. 无线

三、判断题

1. 永磁同步电动机由于转子是永磁体励磁,随着转速的升高,电压会逐渐达到逆变器所能输出的电压极限。　　　　　　　　　　　　　　　　　　　　　( )

2. 感应电动机,又称"异步电动机",即转子置于旋转磁场中,在旋转磁场的作用下,获得一个转动力矩,因而转子转动。　　　　　　　　　　　　　　　　( )

3. 电机控制器内部包含一个 DC/AC 逆变器和一个 DC、DC 直流转换器,逆变器有 IGBT、直流母线电容、驱动和控制电路板等组成。　　　　　　　　　　　( )

4. 车辆制动或滑行阶段,电机作为发电机应用。它可以完成车轮旋转的动能到电能的转换,给电池充电。　　　　　　　　　　　　　　　　　　　　　( )

5. 比亚迪电动汽车现在使用的电机为交流无刷永磁同步电机。　　　　( )

四、简答题

1. 2019 款比亚迪 e5 进店进行检查与维护,请写出驱动电机减速器检查与维护作业的步骤。

_____
_____
_____

2. 简述驱动电机冷却系统的基本构成及组成部件的作用。

_____
_____
_____

学习任务四

充电系统的检查与维护

学习目标

知识目标

1. 能描述充电系统基本术语;
2. 能描述充电系统的组成及作用;
3. 能描述快充及慢充系统的工作原理。

技能目标

1. 能阅读并规范填写维修工单,并记录相关信息,通过获取有效信息,明确新能源汽车充电系统检查与维护作业的项目、内容和要求;
2. 能参照维修手册和前期获取的相关知识,根据厂家规定和客户要求,查阅维修手册,从满足顾客对汽车维修质量、经济性等需求的角度制订新能源汽车充电系统检查与维护方案和作业流程,并进行作业前的准备工作;
3. 能按作业方案,根据新能源汽车维修技术规范和作业流程,以双人合作的方式,在规定的时间内完成充电系统检查与维护作业任务并填写维修记录。

素养目标

1. 严格执行新能源汽车高压下电操作规范;
2. 培养严谨高压操作安全意识;
3. 严格执行 8S 标准;
4. 提高合作意识和创新精神。

参考学时

12 学时

任务描述

一辆新能源汽车到达厂家规定的维护周期,到维修企业进行定期检查与维护,需要对充电系统进行检查与维护。维护前应由具备高压系统维修资质人员,对高压系统进行下电与验电,以确保维修安全。学生根据班组长(教师扮演)提供的维修工单,在

充电系统的检查与维护 | 学习任务四

维修作业前,穿戴好个人防护设备,检查并设置好维修工位的配置,以双人合作的方式,在规定时间内按厂商规定的新能源车辆维修安全操作流程及规范,对新能源汽车的充电系统系统进行检查与维护作业;一旦发生电气事故,监护人能够按照电气事故应急处理的流程及规范进行电源隔离及触电急救作业,充电系统的检查与维护合格后,填写维修工单,交付班组长进行检验。在工作过程中要遵守现场工作管理规范。

学习活动1　慢充系统的检查与维护

情境描述 》》》

小王是某比亚迪新能源汽车4S店的维修工,接到工作任务:检查维护一辆比亚迪e5纯电动车辆,需要对该车辆的慢充系统进行检查与维护。你能告诉小王如何对该车辆的慢充系统进行检查与维护吗?

任务要求 》》》

请你根据情境描述,在规定的时间内,制订慢充系统检查与维护的作业方案并按照方案进行实施:

1. 请列出需要和车主沟通的内容;
2. 能查阅维修手册选择工具设备;
3. 查阅维修手册等资料,制订一份尽可能详细的慢充系统检查与维护的作业流程,并全面而细致地说明采取此方案的理由;
4. 能根据计划规范完成慢充系统检查与维护作业,同时列出在操作过程中需要注意的事项。

6学时

二 计划

知识链接

1. 充电系统概述

比亚迪 e5 充电系统主要有交流充电口、直流充电口、高压电控总成、动力蓄电池包、蓄电池管理器组成，如图 4-1 所示。

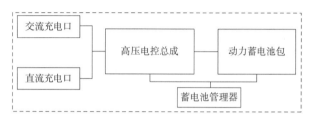

图 4-1 比亚迪 e5 充电系统组成

交流充电主要是通过交流充电桩、挂壁式充电盒以及家用供电插座接入交流充电口，通过高压电控总成将交流电转为 650V 直流高压电给动力蓄电池充电。普通车主基于方便，常用交流慢充（220V/50Hz/32A 或者 220V/50Hz/16A），电流较小，可以将蓄电池充满，对蓄电池伤害较小。

2. 交流充电系统工作过程

比亚迪 e5 充电接口安装在车辆进气格栅处，基于车辆设计和使用方便将交、直流接口安装在一起，比亚迪 e5 交流、直流充电端口位置如图 4-2 所示。

图 4-2 比亚迪充电口位置

国标统一标准的七星孔交流充电口，其中 PE 为地线，CC 是充电连接，CC 由车载充电控制器输出的 5V 或者 12V 的充电检测电压（2018 款之前的 e5 是 5V，2019 款的是 12V）；CP 为控制确认线，CP 由充电设备输出 12V 的检测电压。2019 款比亚迪 e5 交流充电口按照 GB/T 20234.2—2015 充电端口定义，共有 7 个端子，各端子定义及名称如图 4-3 所示。

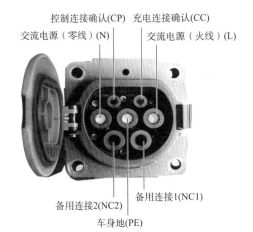

L: A相	PE: 地线
NC1: B相/预留	CC: 充电连接 （车载充电器输出5V或12V）
NC2: C相/预留	CP: 控制确认 （充电设备输出12V）
N: 中性线	/

图 4-3 交流充电口定义

比亚迪 e5 交流（慢充）充电导引控制电路原理如图 4-4 所示，从左至右分别是供电设备、供电设备接口、车辆端口和电动汽车 4 部分。交流充电与直流充电相比，单相交流电通过车辆接口先进入车载充电机，然后进行升压处理后给蓄电池充电。其充电过程大致分以下过程。

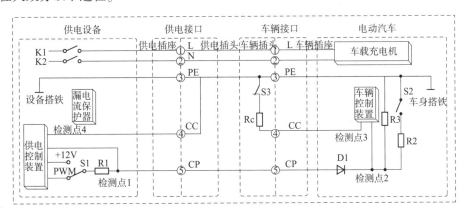

图 4-4 交流充电导引控制电路原理

1）充电连接确认

充电枪插入车辆接口后，供电设备端子 CC 由供电控制装置监测点 4 检测到充电连接信号，然后供电控制装置控制 S1 开关由 12V 切换至 PWM（脉宽调制信号）端子。PWM 信号经充电枪接口和车辆接口 CP 端子送至检测点 2，车辆控制装置检测到脉冲信号后，车辆控制装置确认供电设备供电能力并完成充电连接确认。

2）充电唤醒

车辆控制装置通过测定检测点 3CC 与 PE 之间的电阻 RC，其中开关 S3 为车辆插头内部开关，为常闭型开关，其开关与机械锁止装置关联，当按下充电枪机械锁止开关，S3 开关会断开。通过检测 RC 电阻，正常值为 1.5kΩ，确认正常后，完成充电唤醒过程。

3)供电设备给车辆充电

充电枪完好插入充电接口,充电连接正常并完成充电唤醒后,供电控制装置通过检测1点脉冲电压,确定充电功率,接通电源K1、K2开关,传导线分别与车辆充电接口L端子和N端子连接,BMS电池管理系统控制模块控制车辆低压IG3继电器吸合给相关部件提供电源,BMS得电后执行充电程序并拉低仪表充电指示灯信号,绿色充电指示灯点亮,并在显示屏显示充电信息(SOC值、充电电压、充电电流、剩余充电时间等)。

4)充电过程中

在充电过程中,供电控制装置和车辆控制装置周期性监测各个检测点信号。车辆控制装置通过监测检测点2脉冲电压信号,调节车载充电机输出功率。在充电过程中,为了节省充电时间和保护电池,一般先采用恒流充电,当电池电压达到一定值或者达到单体电压额定值和限定温度时,采用恒压充电,以较小电流对电池充电直至充满。在充电过程中,BMC电池管理控制器周期性监测13个电池模组中单体电池电压、电流、温度,防止电池过充、温度过高,单体电池电压不高于3.7V,电池最高温度不超过65℃,否则限制供电功率,甚至停止充电。

5)充电结束

当BMC电池管理控制器检测到充电完成,或者达到预约充电时间以及驾驶员停止充电操作,车辆控制装置断开S2开关,同时开关S1切换至12V,S2开关断开使供电控制断开K1、K2,结束充电。

任务确认

1.请认真阅读工作情境描述,用彩笔标记关键词,用一句话总结你需要完成的任务及要求。

工作要求

2. 现需要与班组长(教师)进行沟通并确认车辆或者设备等相关信息,请你列出需要问的问题(表4-1)。

沟通问题　　　　　　　　　　　　　　　　　　　　　　　表4-1

序号	问题
1	
2	
3	
4	
5	

三 决策

人员安排

请小组商量后,决定每个同学的角色及分工(表4-2)。

角色及分工　　　　　　　　　　　　　　　　　　　　　　表4-2

组员	角色及分工
学员 A	操作员1
学员 B	操作员2(辅助)
学员 C	观察记录员
学员 D	安全管理员

工具准备

请根据相应的任务需求,列出所需的工具设备清单(表4-3)。

工具设备清单　　　　　　　　　　　　　　　　　　　　　表4-3

序号	工具及材料名称	单位	数量	备注
1	高压防护服	件	6	
2	绝缘靴	双	6	
3	安全帽	个	6	
4	护目镜	个	6	
5	绝缘手套	副	6	
6	万用表	块	6	

续上表

序号	工具及材料名称	单位	数量	备注
7	绝缘电阻表	块	6	
8	绝缘工具套装	套	3	
9	车辆	台	3	

注意事项

请根据操作条件及故障诊断的需求,列举出操作时的注意事项(表4-4)。

操作注意事项　　　　　　　　　　　表4-4

序号	维修工序内容	备注
1	查阅检验标准手册,查找问题,制订流程	
2	个人防护用品外观、性能及密封性检测	
3	防护用品试穿(戴)	
4	外观及连接检查	
5	工作性能检查	
6	慢充系统绝缘性能检测	
7	车辆上电前要报告教师,批准后可上电	
8	严格按照规范流程操作	
9	复检	

信息归纳

1.查阅资料,了解慢充系统的检查与维护作业的基本要求,与小组内成员讨论,归纳总结,填写在下表中(表4-5)。

归纳基本要求　　　　　　　　　　　表4-5

序号	基本要求
1	
2	
3	
4	
5	
6	

2. 编制慢充系统的检查与维护作业的实施流程。

相关内容记录
(1) 车辆信息记录
(2) 慢充系统的检查与维护作业方案编制

3. 教师对各小组的制订的故障检修方案进行点评,并进行修改完善。

优化后的实施方案

四  实施

慢充系统的检查与维护操作流程见表4-6。

慢充系统检查

操作流程　　　　　　　　　　　　　　　　　　　　表4-6

慢充系统的检查与维护	
 检查充电枪	(1) 检查充电枪,CC 与 PE 电阻值。 提示:按下充电枪开关按钮,阻值在3.3kΩ左右为正常;未按下充电枪开关按钮,阻值在1.5kΩ左右为正常

续上表

慢充系统的检查与维护	
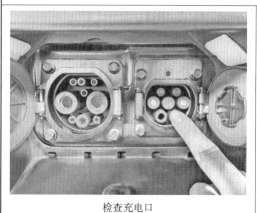 检查充电口	（2）检查充电口端子有无异物、烧蚀、氧化
 检查充电口 CC 与 PE 间电阻	（3）检查充电口 CC1、CC2 与 PE 端子之间的电阻应为 1kΩ
 检查充电口绝缘性	（4）检查充电口 L 与 N 对地的绝缘电阻应大于等于 20MΩ

五、检查

（1）万用表使用方法正确，并在使用前规范校准万用表。

(2)绝缘电阻表使用方法正确,并在使用前规范校准绝缘电阻表。

(3)测量操作时动作规范标准,在测量时注意不能造成电路元器件及测量工具的损坏。

(4)正确检查慢充系统的工作性能和绝缘性能。

(5)按照维修标准规范操作。

(6)整理,恢复作业场地。

 评估

 活动总结 >>>

请根据工作过程撰写技术总结。

慢充系统的检查与维护作业技术总结
1. 慢充系统的检查项目
2. 如何判定慢充系统的工作性能
3. 如何判定充电口的绝缘性能
4. 经验和不足

新能源汽车高压系统检查与维护

活动评价

1. 结果检验（表4-7）。

结果检验　　　　　　　　　　　　　　　表4-7

序号	检查项目	结果（打√或×）
1	高压维修工具检查步骤及结果正确	
2	高压维修工具使用方法正确	
3	高压防护及断电、验电操作规范	
4	慢充系统的工作性能检测正确	
5	交流充电口的绝缘性能检测正确	
6	实施过程中符合高压安全操作规范	
7	场地整理符合8S实训	

2. 根据下表进行学习过程评价表进行自评、互评、教师评价（表4-8）。

学生过程评价表　　　　　　　　　　　　　表4-8

慢充系统的检查与维护			实习日期：				
姓名：		班级：		学号：		教师签名：	
自评：□熟练□不熟练		互评：□熟练□不熟练		师评：□合格□不合格			
日期：		日期：		日期：			
慢充系统的检查与维护【评分细则】							
序号	评分项	得分条件	分值	评分要求	自评	互评	师评
1	安全/8S/态度	□1) 能进行工位8S操作 □2) 能进行工具安全检查 □3) 能进行工具清洁、校准、存放操作 □4) 能进行三不落地操作	15	未完成1项扣3分，扣分不得超过15分	□熟练 □不熟练	□熟练 □不熟练	□合格 □不合格
2	专业技能能力	□1) 能正确地进行高压安全防护作业 □2) 能正确地进行高压断电、验电作业 □3) 能正确地检查慢充系统	40	未完成1项扣5分	□熟练 □不熟练	□熟练 □不熟练	□合格 □不合格
3	工具及设备的使用能力	□1) 能正确地穿戴高压安全防护用具 □2) 能正确地使用绝缘维修工具	20	未完成1项扣3分，扣分不得超过10分	□熟练 □不熟练	□熟练 □不熟练	□合格 □不合格

续上表

序号	评分项	得分条件	分值	评分要求	自评	互评	师评
4	资料、信息查询能力	□1）能正确地使用维修手册查询资料 □2）能正确地记录所需维修信息	10	未完成1项扣3分	□熟练 □不熟练	□熟练 □不熟练	□合格 □不合格
5	数据判断和分析能力	□1）能判定充电口的绝缘阻值是否正常	10	未完成1项扣3分	□熟练 □不熟练	□熟练 □不熟练	□合格 □不合格
6	表单填写报告的撰写能力	□1）字迹清晰 □2）语句通顺 □3）无错别字 □4）无涂改 □5）无抄袭	5	未完成1项扣1分，扣分不得超过5分	□熟练 □不熟练	□熟练 □不熟练	□合格 □不合格
总分：							

学习活动2　快充系统的检查与维护

 资讯

情境描述

小王是某比亚迪新能源汽车4S店的维修工，接到工作任务：检查维护一辆比亚迪e5纯电动车辆，需要对该车辆的快充系统进行检查与维护。你能告诉小王如何对该车辆的快充系统进行检查与维护吗？

任务要求

请你根据情境描述，在规定的时间内，制订快充系统检查与维护的作业方案并按照方案进行实施：

1．请列出需要和车主沟通的内容；
2．能查阅维修手册选择工具设备；
3．查阅维修手册等资料，制订一份尽可能详细的快充系统检查与维护的作业流程，并全面而细致地说明采取此方案的理由；
4．能根据计划规范完成快充系统检查与维护作业，同时列出在操作过程中需要注

新能源汽车高压系统检查与维护

意的事项。

建议学时

6学时

二 计划

知识链接

1. 直流快充系统概述

电动汽车快速充电系统主要由直流充电桩、快充接口、高压控制盒、动力蓄电池、整车控制器、高压线束和低压控制线束等组成。直流快速充电系统的特点为充电功率大、充电时间短,但充电设备成本高。

直流充电主要是通过充电站的充电柜将直流高压电如图4-5所示,直接通过直流充电口给动力蓄电池充电。

图4-5 直流高压快充

直流:200V～500V,350V～700V,500V～950V

直流充电电流优选值:80A,100A,125A,160A,200A,250A

2. 直流快充系统充电过程

比亚迪e5直流充电接口安装在车辆进气格栅处。打开驾驶室的充电口开关后,便可打开快充盖。直流充电接口位置如图4-6所示。

图4-6 比亚迪e5直流充电接口

大部分纯电动汽车的直流充电口都是采用国标统一标准的九星孔充电口,其结构如图4-7所示。充电口端子定义见表4-9。

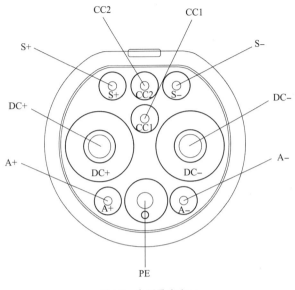

图4-7　九星孔充电口

充电口端子定义　　　　　　　　　　　　　　　　　　　表4-9

端子号	端子号含义	作用
DC+	直流电源正极线	连接直流电源正和电池正极
DC-	直流电源负极线	连接直流电源负和电池负极
PE	保护性接地线	连接供电设备地线和车辆车身地线
S+	充电通信CAN—H线	连接非车载充电机与电动汽车的通信线
S-	充电通信CAN—L线	连接非车载充电机与电动汽车的通信线
CC1	充电连接确认线	充电设备确认连接状态
CC2	充电连接确认线	车辆确认连接状态
A+	低压辅助电源正极线	连接非车载充电机为电动汽车提供的低压辅助电源
A-	低压辅助电源负极线	连接非车载充电机为电动汽车提供的低压辅助电源

直流充电系统与交流充电系统相比,不仅增加了2个端口,而且有很大差别。DC+、DC-是经充电桩逆变整流后的直流电源,S+、S-是充电桩与车辆蓄电池管理控制器BMS通信端子,CC1为充电桩与车辆连接确认信号、CC2是车辆控制器与充电桩连接确认信号,A+、A-是充电桩给电池管理控制器BMS提供工作电源,PE为车身搭铁。直流充电系统工作原理如图4-8所示。

其中U1、U2分别是充电桩提供的工作稳压电源,均为12V。R1、R2、R3、R4、R5是充电连接确认检测电阻,在工作电路中等效电阻值均为1kΩ,K1/K2、K3/K4、K5/K6为接触器。直流充电主要分准备阶段、自检阶段、充电阶段、充电结束四个过程。

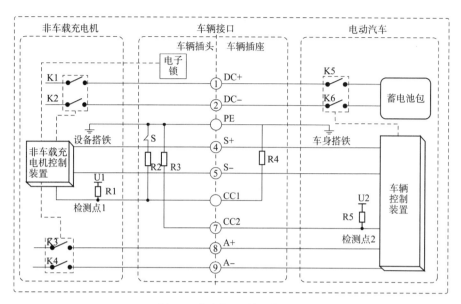

图 4-8 直流充电系统工作原理

1）准备阶段

将直流充电枪插入车辆充电口，充电桩中 U1 与电阻 R2、机械锁止开关、CC1、R4 和车身搭铁形成工作回路，车辆控制装置中 U2 与电阻 R5、CC2、R3 和车身搭铁形成电路回路，当充电桩控制装置检测到检测点 1 电压为 4V（$U1 = 12V \times 0.5k\Omega/(1k\Omega + 0.5k\Omega)$），则确认充电线路完全连接。

2）自检阶段

充电枪线路完全连接后，充电桩控制装置控制接触器 K3/K4 闭合，将 12V 低压电通过 A+、-端子传输给车辆控制器。车辆控制装置 U2 检测到检测点 2 电压为 6V[$U_2 = 12V \times 1k\Omega/(1k\Omega + 1k\Omega)$]，然后车辆控制装置通过 S+、S- 与充电桩控制装置进行通信，充电桩控制装置控制接触器 K1/K2 闭合，检测充电直流母线搭铁绝缘性，保证充电过程安全进行。绝缘测试完成后，断开接触器 K1/K2，自检阶段完成。

3）充电阶段

充电桩自检阶段完成后，车辆控制装置控制接触器 K5/K6 闭合，形成充电回路，充电桩检测到车辆端电池电压正常（电压与通信中描述的电池电压误差小于 ±5%，且在充电桩输出最大、最小电压范围内），控制接触器 K1/K2 闭合，开始充电，在充电过程中，车辆控制装置实时发送电池充电需求参数，充电桩根据该参数实时调整充电电压和电流，并相互发动各自的状态信息（充电模式、充电电压、充电电流、电池温度、当前 SOC、单体电池最高和最低电压等信息）。

4）充电结束

车辆根据 BMS 是否达到充满状态或者是受到充电桩发来的"充电桩中止充电报文"来判断是否结束充电。满足以上条件，车辆会发出"车辆中止充电报文"，在确认充电电流小于 5A 后断开 K5/K6 接触器，充电桩控制器接收到"车辆中止充电报文"，在确认充电电流小于5A后,断开K1/K2接触器,然后断开接触器K3/K4,结束充电。

任务确认

1.请认真阅读工作情境描述,用彩笔标记关键词,用一句话总结你需要完成的任务及要求。

工作要求

2.现需要与班组长(教师)进行沟通并确认车辆或者设备等相关信息,请你列出需要问的问题(表4-10)。

沟通问题　　　　　　　　　　　　　　　　　　　　　表4-10

序号	问题
1	
2	
3	
4	
5	
6	

三 决策

人员安排

请小组商量后,决定每个同学的角色及分工(表4-11)。

新能源汽车高压系统检查与维护

角色及分工　　　　　　　　　　　　　　　　　表 4-11

组员	角色及分工
学员 A	操作员 1
学员 B	操作员 2（辅助）
学员 C	观察记录员
学员 D	安全管理员

工具准备

请根据相应的任务需求，列出所需的工具设备清单（表 4-12）。

工具设备清单　　　　　　　　　　　　　　　　表 4-12

序号	工具及材料名称	单位	数量	备注
1	高压防护服	件	6	
2	绝缘靴	双	6	
3	安全帽	个	6	
4	护目镜	个	6	
5	绝缘手套	副	6	
6	万用表	块	6	
7	绝缘电阻表	块	6	
8	绝缘工具套装	套	3	
9	车辆	台	3	

 注意事项

请根据操作条件及故障诊断的需求，列举出操作时的注意事项（表 4-13）。

操作注意事项　　　　　　　　　　　　　　　　表 4-13

序号	维修工序内容	备注
1	查阅检验标准手册，查找问题，制订流程	
2	个人防护用品外观、性能及密封性检测	
3	防护用品试穿（戴）	
4	外观及连接检查	
5	工作性能检查	
6	快充系统绝缘性能检测	
7	车辆上电前要报告教师，批准后可上电	
8	严格按照规范流程操作	
9	复检	

充电系统的检查与维护 | **学习任务四**

信息归纳

1. 查阅资料,了解快充系统的检查与维护作业的基本要求,与小组内成员讨论,归纳总结,填写在下表中(表4-14)。

归纳基本要求　　　　　　　　　　　　　　　　　　　表4-14

序号	基本要求
1	
2	
3	
4	
5	

2. 编制快充系统的检查与维护作业的实施流程。

相关内容记录
(1)车辆信息记录
(2)快充系统的检查与维护作业方案编制

3. 教师对各小组的制订的故障检修方案进行点评,并进行修改完善。

优化后的实施方案

四 实施

快充系统的检查与维护操作流程见表4-15。

操作流程　　　　　　　　　　　　　　　　　　　　　表4-15

快充系统的检查与维护	
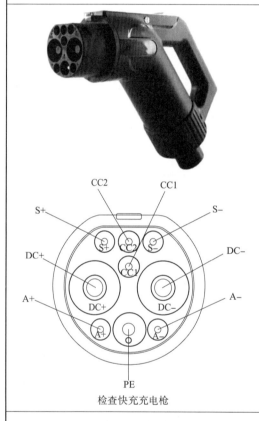 检查快充充电枪	(1)测量充电枪CC1与PE端子电阻、CC2与PE端子电阻。 提示：CC1与PE电阻按下充电枪开关按钮，阻值在无穷大为正常；未按下充电枪开关按钮，阻值在1000Ω左右为正常；CC2与PE端子电阻为1000Ω左右为正常
 检查快充电口	(2)检查快充电口端子有无异物、烧蚀、氧化

充电系统的检查与维护 | 学习任务四

续上表

快充系统的检查与维护	
 检查充电口 CC 与 PE 间电阻	（3）检查充电口 CC1、CC2 与 PE 端子之间的电阻应为 1kΩ
 检查充电口绝缘性	（4）检查充电口 L 与 N 对地的绝缘电阻应大于等于 20MΩ

五、检查

（1）万用表使用方法正确，并在使用前规范校准万用表。

（2）绝缘电阻表使用方法正确，并在使用前规范校准绝缘电阻表。

（3）测量操作时动作规范标准，在测量时注意不能造成电路元器件及测量工具的损坏。

（4）正确检查快充系统的工作性能和绝缘性能。

（5）按照维修标准规范操作。

（6）整理，恢复作业场地。

新能源汽车高压系统检查与维护

六 评估

 活动总结

请根据工作过程撰写技术总结。

快充系统的检查与维护作业技术总结
1. 快充系统的检查项目
2. 如何判定充电口的绝缘性能
3. 经验和不足

活动评价

1. 结果检验（表4-16）。

结果检验　　　　　　　　　　　　　　　　表4-16

序号	检查项目	结果（打√或×）
1	高压维修工具检查步骤及结果正确	
2	高压维修工具使用方法正确	

续上表

序号	检查项目	结果(打√或×)
3	高压防护及断电、验电操作规范	
4	快充系统的工作性能检测正确	
5	直流充电口的绝缘性能检测正确	
6	实施过程中符合高压安全操作规范	
7	场地整理符合8S实训	

2. 根据下表进行学习过程评价表进行自评、互评、教师评价(表4-17)。

学习过程评价表　　　　　　　　　　　表4-17

快充系统的检查与维护		实习日期：	
姓名：	班级：	学号：	教师签名：
自评:□熟练□不熟练	互评:□熟练□不熟练	师评:□合格□不合格	
日期：	日期：	日期：	
快充系统的检查与维护【评分细则】							

序号	评分项	得分条件	分值	评分要求	自评	互评	师评
1	安全/8S/态度	□1)能进行工位8S操作 □2)能进行工具安全检查 □3)能进行工具清洁、校准、存放操作 □4)能进行三不落地操作	15	未完成1项扣3分,扣分不得超过15分	□熟练 □不熟练	□熟练 □不熟练	□合格 □不合格
2	专业技能能力	□1)能正确地进行高压安全防护作业 □2)能正确地进行高压断电、验电作业 □3)能正确地检查快充系统	40	未完成1项扣5分	□熟练 □不熟练	□熟练 □不熟练	□合格 □不合格
3	工具及设备的使用能力	□1)能正确地穿戴高压安全防护用具 □2)能正确地使用绝缘维修工具	20	未完成1项扣3分,扣分不得超过10分	□熟练 □不熟练	□熟练 □不熟练	□合格 □不合格
4	资料、信息查询能力	□1)能正确地使用维修手册查询资料 □2)能正确地记录所需维修信息	10	未完成1项扣3分	□熟练 □不熟练	□熟练 □不熟练	□合格 □不合格

续上表

序号	评分项	得分条件	分值	评分要求	自评	互评	师评
5	数据判断和分析能力	1）能判定快充充电口的绝缘阻值是否正常	10	未完成1项扣3分	□熟练 □不熟练	□熟练 □不熟练	□合格 □不合格
6	表单填写报告的撰写能力	1）字迹清晰 2）语句通顺 3）无错别字 4）无涂改 5）无抄袭	5	未完成1项扣1分，扣分不得超过5分	□熟练 □不熟练	□熟练 □不熟练	□合格 □不合格

总分：

习题

一、填空题

1. 智能充系主要由_____、_____、_____等部分组成。

2. DC/DC 输出不足时，由_____辅助向用电设备供电。磷酸铁锂电池还可以吸收电路中的_____，保持汽车电器系统_____，保护电子元件。

3. 交流（慢充）充电的充电过程大致分为_____、_____、供电设备给车辆充电、_____、_____。

4. 七星孔交流充电口，其中 PE 为_____，_____是充电连接确认，其电压为_____；CP 为_____，CP 由_____输出 12V 的检测电压（国标统一标准）。

5. 直流充电系统中 DC+、DC- 是经_____的直流电源，_____为充电桩与车辆连接确认信号、_____是_____与_____连接确认信号。

二、选择题

1. 按充电设备位置分类，新能源汽车的充电系统类型有（　　）。
   A. 车载　　　B. 非车载　　　C. A 和 B 都是　　　D. 以上都错误

2. 按充电方式分类，新能源汽车的充电系统类型有（　　）。
   A. 接触式　　B. 感应式　　　C. A 和 B 都是　　　D. 以上都错误

3. 按充电时间分类，新能源汽车的充电类型有（　　）。
   A. 快速充电（直流快充）　　　　B. 常规充电（交流慢充）
   C. A 和 B 都是　　　　　　　　　D. 以上都错误

4. 提出"更换蓄电池方式"解决充电难、充电时间长、续驶里程短的问题的生产厂家是（　　）。
   A. 比亚迪　　B. 荣威　　　　C. 吉利　　　　　　D. 北汽新能源

5. 充电桩的类型可分为（　　）。
   A. 直流充电桩　　　　　　　　　B. 交流充电桩
   C. 交直流一体充电桩　　　　　　D. 以上都是

三、判断题

1. 对于电气系统来说，未进入过放保护或者超低功耗情况下，磷酸铁锂电池都是电气设备的常电供给电源。（   ）

2. 交流充电与直流充电相比，单相交流电通过车辆接口先进入车载充电机，然后直接给蓄电池充电。（   ）

3. 将直流充电枪插入车辆充电口，充电桩中 U1 与电阻 R2、机械锁止开关、CC2、R4 和车身搭铁形成工作回路。（   ）

4. 交流充电桩采用市电 220V 电压，由电力输出接口传输给电动汽车自带充电机，无需转化就可以对电池进行充电。（   ）

5. 电动汽车快速充电系统主要由直流充电桩、快充接口、高压控制盒、动力蓄电池等组成。（   ）

四、简答题

1. 简单阐述交流慢充系统充电过程。

_____
_____
_____

2. 2019 款比亚迪 e5 进店进行检查与维护，请写出充电系统检查与维护作业的步骤。

_____
_____
_____

学习任务五
高压配电系统的检查与维护

学习目标

知识目标

1. 能描述高压配电系统相关部件的工作原理；
2. 能描述高压配电系统相关部件的检查方法；
3. 能说出高压配电系统相关部件的维护项目。

技能目标

1. 能阅读并规范填写维修工单，并记录相关信息，通过获取有效信息，明确新能源汽车高压配电系统检查与维护作业的项目、内容和要求；
2. 能参照维修手册和前期获取的相关知识，根据厂家规定和客户要求，查阅维修手册，从满足顾客对汽车维修质量、经济性等需求的角度制订新能源汽车高压配电系统检查与维护方案和作业流程，并进行作业前的准备工作；
3. 能按作业方案，根据新能源汽车维修技术规范和作业流程，以双人合作的方式，在规定的时间内完成汽车高压配电系统检查与维护作业任务并填写维修记录。

素养目标

1. 严格执行新能源汽车高压下电操作规范；
2. 培养严谨高压操作安全意识；
3. 严格执行8S标准；
4. 培养学生的社会责任感和社会参与意识。

参考学时

24学时

任务描述

一辆新能源汽车到达厂家规定的维护周期，客户接到汽车售后服务企业的车辆检查与维护通知，需要对高压配电系统进行检查与维护。学生从班组长（教师扮演）处接受任务,需确认汽车的使用情况,结合厂家技术规范,确定维护项目内容和作业流程;以双人合作的方式,按作业流程及规范在规定时间内对新能源汽车高压配电系统进行检查,完成动力高压配电系统的外观情况、固定情况、工作状况的检查以及冷却系统的维护,实施相应的清洁、检查、润滑、紧固、调整、更换和补充等维护操作;对于发现的维修增项须经前台、客户确认后实施,自检合格后交付班组长进行质量检验;同时,学生应在教师指导下总结任务实施过程,撰写任务实施指导书,在工作过程中要具有成本意识,要遵守现场工作管理规范。

学习活动1 DC/DC 变换器的检查与维护

情境描述

小王是某比亚迪新能源汽车4S店的维修工,接到工作任务:检查维护一辆比亚迪e5纯电动车辆,需要对该车辆的DC/DC变换器进行检查与维护。你能告诉小王如何对该车辆的DC/DC变换器进行检查与维护吗?

任务要求

请你根据情境描述,在规定的时间内,制订DC/DC变换器检查与维护的作业方案并按照方案进行实施:

1. 请列出需要和车主沟通的内容;
2. 能查阅维修手册选择工具设备;
3. 查阅维修手册等资料,制订一份尽可能详细的DC/DC变换器检查与维护的作业流程,并全面而细致地说明采取此方案的理由;
4. 能根据计划规范完成DC/DC变换器检查与维护作业,同时列出在操作过程中需要注意的事项。

6学时

二 计划

知识链接

1. DC/DC 变换器的作用

电源转换器分为直流/直流(DC/DC)变换与直流(DC/AC)变换两类。DC/DC 变换器有降压、升压、双向降-升压三种形式,它是满足新能源汽车电气系统电能变换和传输不可缺少的电器设备。在各种新能源汽车中,主要实现如下功能。

1)不同电源之间的特性匹配

以燃料电池电动汽车为例,一般采用燃料电池组如动力蓄电池的混合动力系统结构。在能量混合型系统中,采用升压 DC/DC 变换器;在功率混合系统中,采用双向 DC/DC 变换器。

2)驱动直流电机

在小功率(低于 5kW)直流电机驱动的转向、制动等辅助系统中,一般直接采用 DC/DC 电源变换器供电。

3)给低压蓄电池充电

在电动汽车中,需要高压电源通过 DC/DC 变换器给蓄电池充电,一般采用隔离型的降压电路形式。

在电动汽车上的 DC/DC 变换器,如图 5-1 所示,替代了传统燃油汽车上的发电机,作用是将动力蓄电池的高压直流电转换为低压 14V 直流电,给整车低压用电系统供电及低压蓄电池充电。DC/DC 变换器具有效率高、体积小、耐受恶劣工作环境等特点。纯电动汽车上的控制器,如整车控制器 VCU、电源管理系统 BMS、电机控制器 MCU 和车身电气等系统,均采用低压 12V 直流电。如果低压电源过低会导致纯电动汽车不工作或不能点亮 READY 灯,导致无法起动车辆。

2. DC/DC 变换器的安装位置

大多数车型的 DC/DC 变换器主要安装在整车前机舱内,如图 5-2 所示,2019 款比亚迪 e5 车载充电机与 DC/DC 变换器、高压配电盒集成在一起,合称"充配电三合一"。

3. DC/DC 变换器的结构

1)外部结构

DC/DC 变换器外部与高压控制盒通过高压电缆连接,产生的低压直流电通过低压输出正极端子和低压输出负极端子与低压电路连接,DC/DC 变换器工作时通过低压控制端与整车控制器 VCU 进行通信,以保证 DC/DC 变换器与整车协调工作。如图 5-3 所示为 2019 款比亚迪 e5 DC/DC 变换器外部结构。

图 5-1 电动汽车上的 DC/DC 变换器

图 5-2 安装位置

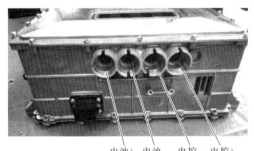

电池+ 电池− 电控− 电控+

DC输出+

图 5-3 DC/DC 变换器外部结构

低压输出负极和低压输出正极分别与低压蓄电池相连接,如图 5-4 所示为 DC/DC 变换器正极输出与低压蓄电池正极连接间的连接。

2)内部结构

内部结构中主要分为高压输入部分、电路板和整流输出部分,如图 5-5 所示。高压输入部分主要是将从高压配电盒提供的高压直流电输入到 DC/DC 变换器内部。电路板主要是把高压直流电转换成高压交流电,再把高压交流电通过变压器降压至低压交流电。整流部分是将低压交流电整流成低压直流电。

图 5-4 DC/DC 变换器低压输出连接

4. DC/DC 变换器电路工作原理

DC/DC 变换器是将一种直流电变换为另一种直流电的技术,主要对电压、电流实现变换,它在新能源汽车中起着能量转换和传递的作用。DC/DC 变换器分为单向 DC/DC 和双向 DC/DC。单向 DC/DC 的能量只能单向流动,而双向 DC/DC 指保持变换器两端的直流电压极性不变的前提下,根据需要改变电流的方向,从而实现能量的双向流动的直流直流转换。

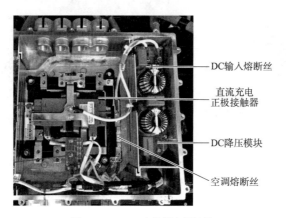

图 5-5 DC/DC 变换器内部结构

目前,新能源汽车主要使用单向 DC/DC 变换器将动力蓄电池中几百伏的直流电,转变为低压蓄电池的 14V 直流电。双向 DC/DC 变换器在丰田混合动力电动汽车中增压转换器中应用较多。例如,第三代 Prius 中的增压转换器中主要是利用降压(Buck)斩波电路、升压(Boost)斩波电路等原理将 201.6V 高压电与 650V 高压电之间进行转换。

以纯电动汽车中应用的单向 DC/DC 变换器为例,分析其工作原理,如图 5-6 所示为 DC/DC 变换器电路原理图。

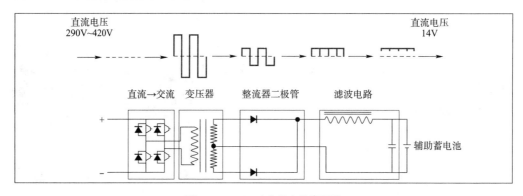

图 5-6 DC/DC 变换器电路原理图

该电路分为 DC/AC 逆变电路、变压器、整流电路、滤波电路四部分。晶体管桥接电路先将高压直接转换为交流(DC/AC),并经变压器降压。DC/DC 变换器控制输出电压,以保持辅助蓄电池端子处的电压恒定。然后,经整流和滤波转换为 12V 直流电压。

DC/DC 变换器电控单元监视 DC/DC 变换器的工作情况并检测故障,通过 CAN 网络与整车控制系统通信,整车控制系统接收指示 12V 充电系统正常或异常状态的信号,如果 DC/DC 变换器出现故障,则车辆将不工作。

5. 检查与维护 DC/DC 变换器

1)检查 DC/DC 变换器外观

检查 DC/DC 变换器表面,确保表面无异物,保证散热时风道畅通,必要时清洁外表面。检查DC/DC变换器外壳无明显变形、损坏痕迹。

2）检查DC/DC变换器连接线束

检查DC/DC变换器各连接线束有无破损,高低压接线端子连接是否松动。

3）检查DC/DC变换器螺栓

检查DC/DC变换器紧固螺栓有无锈蚀,紧固力矩是否正常。

4）检查DC/DC变换器的工作性能

判断DC/DC变换器是否工作,可以通过测量DC/DC变换器的输出电压,测量方法如下。

第一步:在保证整车线束正常连接的情况下,通电前使用万用表测量低压蓄电池电压,并记录。

第二步:整车通电,继续读取万用表数值,查看变化情况。

检测结果:DC/DC变换器正常输出电压为13.2~13.5V(或13.5~14V)范围内。

5）检查DC/DC变换器的绝缘性能

检查DC/DC变换器的绝缘性能,需使用绝缘电阻测试仪测量高压部件的高压接口绝缘阻值。测量方法为:将绝缘表负表笔与电缆外壳或车身搭铁点充分有效连接,正表笔分别测量高压端子,单击测试键进行读数,测得绝缘电阻,与标准值进行比较,判断绝缘性能是否正常。

任务确认

1.请认真阅读工作情境描述,用彩笔标记关键词,用一句话总结你需要完成的任务及要求。

工作要求

2.现需要与班组长(教师)进行沟通并确认车辆或者设备等相关信息,请你列出需要问的问题(表5-1)。

新能源汽车高压系统检查与维护

沟通问题　　　　　　　　　　　　　　　　表 5-1

序号	问题
1	
2	
3	
4	
5	

三 决策

人员安排 》》》

请小组商量后,决定每个同学的角色及分工(表 5-2)。

角色及分工　　　　　　　　　　　　　　　表 5-2

组员	角色及分工
学员 A	操作员 1
学员 B	操作员 2(辅助)
学员 C	观察记录员
学员 D	安全管理员

工具准备 》》》

请根据相应的任务需求,列出所需的工具设备清单(表 5-3)。

工具设备清单　　　　　　　　　　　　　　表 5-3

序号	工具及材料名称	单位	数量	备注
1	高压防护服	件	6	
2	绝缘靴	双	6	
3	安全帽	个	6	
4	护目镜	个	6	
5	绝缘手套	副	6	
6	万用表	块	6	
7	绝缘电阻表	块	6	
8	电流钳	个	6	
9	绝缘工具套装	套	3	
10	车辆	台	3	

注意事项

请根据操作条件及故障诊断的需求,列举出操作时的注意事项(表 5-4)。

操作注意事项　　　　　　　　　　表 5-4

序号	维修工序内容	备注
1	查阅检验标准手册,查找问题,制订流程	
2	个人防护用品外观、性能及密封性检测	
3	防护用品试穿(戴)	
4	外观及连接检查	
5	工作性能检查	
6	绝缘性能检测	
7	车辆上电前要报告教师,批准后可上电	
8	严格按照规范流程操作	
9	复检	

信息归纳

1. 查阅资料,了解 DC/DC 变换器的检查与维护作业的基本要求,与小组内成员讨论,归纳总结,填写在下表中(表 5-5)。

归纳基本要求　　　　　　　　　　表 5-5

序号	基本要求
1	
2	
3	
4	
5	

2. 编制 DC/DC 变换器的检查与维护作业的实施流程。

相关内容记录
(1)车辆信息记录
(2)DC/DC 变换器的检查与维护作业方案编制

新能源汽车高压系统检查与维护

3. 教师对各小组的制订的故障检修方案进行点评,并进行修改完善。

优化后的实施方案

 实施

DC/DC 变换器的检查与维护操作流程见表 5-6。

DC/DC 变换器检查

操作流程　　　　　　　　　　　　　　　表 5-6

DC/DC 变换器的检查与维护	
 检查 DC/DC 变换器外观	(1)检查 DC/DC 变换器表面无异物,外壳无明显变形、损坏痕迹
 检查 DC/DC 变换器连接线束	(2)检查 DC/DC 变换器各连接线束有无破损,高低压接线端子连接是否松动

续上表

DC/DC 变换器的检查与维护	
 检查 DC/DC 变换器固定螺栓	（3）检查 DC/DC 变换器螺栓有无锈蚀，紧固力矩
 检查 DC/DC 变换器输出电压	（4）整车通电，测量 DC/DC 变换器输出电压
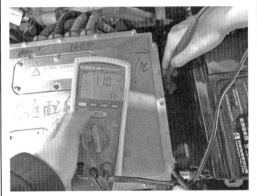 检查 DC/DC 变换器绝缘性能	（5）将绝缘表负表笔与电缆外壳或车身搭铁点充分有效连接，正表笔分别测量高压端子，测量绝缘性能

五 检查

（1）万用表使用方法正确，并在使用前规范校准万用表。
（2）绝缘电阻表使用方法正确，并在使用前规范校准绝缘电阻表。
（3）正确检查DC/DC变换器的工作性能和绝缘性能。
（4）按照维修标准规范操作。
（5）整理，恢复作业场地。

六 评估

活动总结

请根据工作过程撰写技术总结。

DC/DC变换器的检查与维护作业技术总结
1. 如何判定DC/DC变换器的工作性能
2. 如何判定DC/DC变换器的绝缘性能
3. 经验和不足

活动评价

1. 结果检验（表5-7）。

结果检验　　　　　　　　　　　　　　　　　　　表5-7

序号	检查项目	结果（打√或×）
1	高压维修工具检查步骤及结果正确	
2	高压维修工具使用方法正确	
3	高压防护及断电、验电操作规范	
4	DC/DC变换器的工作性能检测正确	
5	DC/DC变换器的绝缘性能检测正确	
6	实施过程中符合高压安全操作规范	
7	场地整理符合8S实训	

2. 根据下表进行学习过程评价表进行自评、互评、教师评价（表5-8）。

学习过程评价表　　　　　　　　　　　　　　　　表5-8

DC/DC变换器的检查与维护			实习日期：			
姓名：	班级：		学号：		教师签名：	
自评：□熟练　□不熟练	互评：□熟练　□不熟练		师评：□合格　□不合格			
日期：	日期：		日期：			
DC/DC变换器的检查与维护【评分细则】						
序号	评分项	得分条件	分值	评分要求	自评	互评	师评
1	安全/8S/态度	□1）能进行工位8S操作 □2）能进行工具安全检查 □3）能进行工具清洁、校准、存放操作 □4）能进行三不落地操作	15	未完成1项扣3分，扣分不得超过15分	□熟练 □不熟练	□熟练 □不熟练	□合格 □不合格
2	专业技能能力	□1）能正确地进行高压安全防护作业 □2）能正确地进行高压断电、验电作业 □3）能正确地检查DC/DC变换器	40	未完成1项扣5分	□熟练 □不熟练	□熟练 □不熟练	□合格 □不合格
3	工具及设备的使用能力	□1）能正确地穿戴高压安全防护用具 □2）能正确地使用绝缘维修工具	20	未完成1项扣3分，扣分不得超过10分	□熟练 □不熟练	□熟练 □不熟练	□合格 □不合格

续上表

序号	评分项	得分条件	分值	评分要求	自评	互评	师评
4	资料、信息查询能力	□1）能正确地使用维修手册查询资料 □2）能正确地记录所需维修信息	10	未完成1项扣3分	□熟练 □不熟练	□熟练 □不熟练	□合格 □不合格
5	数据判断和分析能力	□1）能判DC/DC变换器的工作时的输出电压 □2）能判DC/DC变换器的绝缘阻值	10	未完成1项扣3分	□熟练 □不熟练	□熟练 □不熟练	□合格 □不合格
6	表单填写报告的撰写能力	□1）字迹清晰 □2）语句通顺 □3）无错别字 □4）无涂改 □5）无抄袭	5	未完成1项扣1分，扣分不得超过5分	□熟练 □不熟练	□熟练 □不熟练	□合格 □不合格
总分：							

学习活动2 车载充电机的检查与维护

资讯

情境描述

小王是某比亚迪新能源汽车4S店的维修工，接到工作任务：检查维护一辆比亚迪e5纯电动车辆，需要对该车辆的车载充电机进行检查与维护。你能告诉小王如何对该车辆的车载充电机进行检查与维护吗？

任务要求

请你根据情境描述，在规定的时间内，制订车载充电机检查与维护作业方案并按照方案进行实施：

1. 请列出需要和车主沟通的内容；

2. 能查阅维修手册选择工具设备；

3. 查阅维修手册等资料，制订一份尽可能详细的车载充电机检查与维护的作业流程，并全面而细致地说明采取此方案的理由；

4. 能根据计划规范完成车载充电机检查与维护作业，同时列出在操作过程中需要注意的事项。

6 学时

知识链接

1. 车载充电机的作用

车载充电机（简称 OBC），又称为交流充电机，是新能源汽车慢充充电系统的重要组成部分，其可将民用的 220V、50Hz 的交流电转换为动力蓄电池所需要的高压直流电，实现动力蓄电池的电量补充。为能够实现新能源汽车动力蓄电池安全、可靠、自动地充满电，充电机依据整车控制器（VCU）和电池管理系统（BMS）提供的数据，自动调节充电电流或充电电压等参数，从而满足动力蓄电池的充电需求，以完成充电任务。车载充电机工作不良或损坏会导致车辆不能充电或充电不足等故障。

2019 款比亚迪 e5 车载充电机与 DC/DC 变换器、高压配电盒集成在一起，合称"充配电三合一"，如图 5-7 所示为 2019 款比亚迪 e5 车载充电机安装位置。

2. 车载充电机的功能

1）通过高速 CAN 网络与 BMS 通信

判断动力蓄电池连接状态是否正确；获得蓄电池系统参数、充电前和充电过程中整组和单体蓄电池的实时数据。

2）通过高速 CAN 网络与车辆监控系统通信

图 5-7　车载充电机安装位置

上传充电机的工作状态、工作参数和故障告警信息，接收起动充电或停止充电控制命令。

3）完备的安全防护措施

交流输入过压保护功能、交流输入欠压告警功能、交流输入过流保护功能、直流输出过流保护功能、直流输出短路保护功能。

3. 车载充电机的结构

1）车载充电机外部结构

车载充电机上游连接慢充口,下游连接高压控制盒-动力蓄电池包,同时与整车控制器 VCU、电源管理系统 BMS 等进行通信。为保持车载充电机中各电子元件不被烧坏,因此外部设有直流输出端子、交流输入端子、低压通信端子和散热片及散热风扇。车载充电机外部结构,如图 5-8 所示。

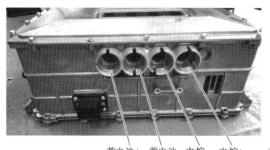

图 5-8　车载充电机外部结构

（1）直流输出端子。

直流输出端子与动力蓄电池包高压母线输出 HV+、HV- 端子共用,该端子接口通过高压控制盒与动力蓄电池连接的直流输出接口,采用"线鼻子"相连接的方式,如图 5-9 所示。

（2）交流输入端子。

该端子接口通过高压线与慢充充电口连接,如图 5-10 所示。1 脚与慢充口的 L 端（交流相线）相连;2 脚与慢充口的 N 端（交流零线）相连接;3 脚与慢充口的 PE 端（地线）相连接;4 脚为空脚;5 脚与慢充口的 CC 端（充电连接确认线）相连接;6 脚与慢充口的 CP 端（控制确认线）相连接。

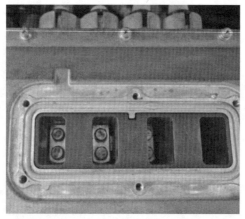

图 5-9　直流输出端子　　　　图 5-10　交流输入端子

2)车载充电机内部结构

车载充电机内部主要由主电路、控制电路、线束及标准件三部分组成,如图5-11所示。

图 5-11　车载充电机内部结构

4. 车载充电机的检查与维护

1)检查车载充电机检查外壳

车载充电机的外观,检查外壳是否磕碰、损伤,外壳是否变形破损,必要时进行更换。

2)检查车载充电机线束

车载充电机连接线束是否破损、高低压线束连接是否松动。

3)检查车载充电机固定螺栓

车载充电机固定螺栓是否锈蚀,紧固力矩是否正常。

4)检查车载充电机冷却管路

车载充电机冷却管路连接处是否有液体泄露,检查散热器总成连接处是否有液体泄漏,如有液体泄漏则进行维修。

5)检查车载充电机的绝缘性能

车载充电机的绝缘性能,需要绝缘电阻测试仪测量绝缘电阻,将负表笔与电缆外壳或车身搭铁点连接,正表笔分别测量车载充电机的高压端子,单击测试键进行读数,测得绝缘电阻,与标准值进行比较,判断其绝缘性能是否正常。

任务确认

1.请认真阅读工作情境描述,用彩笔标记关键词,用一句话总结你需要完成的任务及要求。

工作要求

2. 现需要与班组长（教师）进行沟通并确认车辆或者设备等相关信息，请你列出需要问的问题（表 5-9）。

沟通问题　　　　　　　　　　　　　　　　　　　　　　　　表 5-9

序号	问题
1	
2	
3	
4	
5	

三 决策

 人员安排

请小组商量后，决定每个同学的角色及分工（表 5-10）。

角色及分工　　　　　　　　　　　　　　　　　　　　　　表 5-10

组员	角色及分工
学员 A	操作员 1
学员 B	操作员 2（辅助）
学员 C	观察记录员
学员 D	安全管理员

工具准备

请根据相应的任务需求，列出所需的工具设备清单（表 5-11）。

工具设备清单　　　　　　　　　　　　　　　　　　　　　表 5-11

序号	工具及材料名称	单位	数量	备注
1	高压防护服	件	6	
2	绝缘靴	双	6	
3	安全帽	个	6	
4	护目镜	个	6	
5	绝缘手套	副	6	
6	万用表、绝缘电阻测试仪	块	6	
7	绝缘工具套装	套	3	
8	车辆	台	3	

注意事项

请根据操作条件及故障诊断的需求,列举出操作时的注意事项(表5-12)。

操作注意事项　　　　　　　　　　　　　　　　表5-12

序号	维修工序内容	备注
1	查阅检验标准手册,查找问题,制订流程	
2	个人防护用品外观、性能及密封性检测	
3	防护用品试穿(戴)	
4	外观及连接检查	
5	绝缘性能检测	
6	车辆上电前要报告教师,批准后可上电	
7	严格按照规范流程操作	
8	复检	

信息归纳

1. 查阅资料,了解车载充电机检查与维护作业的基本要求,与小组内成员讨论,归纳总结,填写在下表中(表5-13)。

归纳基本要求　　　　　　　　　　　　　　　　表5-13

序号	基本要求
1	
2	
3	
4	
5	
6	

2. 编制车载充电机检查与维护作业的实施流程。

相关内容记录

(1)车辆信息记录

(2)车载充电机的检查与维护作业方案编制

3. 教师对各小组的制订的故障检修方案进行点评,并进行修改完善。

优化后的实施方案

四 实施

车载充电机的检查与维护操作流程见表5-14。

操作流程　　　　　　　　　　　　　　　　　　　表5-14

车载充电机的检查与维护	
 检查车载充电机外观	(1)检查外壳是否磕碰、损伤,外壳是否变形破损
 检查充电机与充电口线束	(2)检查车载充电机与充电口线路是否破损、高低压线束连接是否松动

续上表

车载充电机的检查与维护	
 检查车载充电机连接线束	(3)检查车载充电机连接线束是否破损、高低压线束连接是否松动
 检查车载充电机固定螺栓	(4)检查 DC/DC 变换器螺栓有无锈蚀,紧固力矩
 检查车载充电机冷却管路	(5)车载充电机冷却管路连接处是否有液体泄漏,检查散热器总成连接处是否有液体泄漏

续上表

车载充电机的检查与维护	
 检查车载充电机的绝缘性能	（6）将绝缘表负表笔与电缆外壳或车身搭铁点充分有效连接，正表笔分别测量高压端子，测量绝缘性能

五、检查

（1）万用表使用方法正确，并在使用前规范校准万用表。
（2）绝缘电阻表使用方法正确，并在使用前规范校准绝缘电阻表。
（3）测量操作时动作规范标准，在测量时注意不能造成电路元器件及测量工具的损坏。
（4）正确检查车载充电机的绝缘性能。
（5）按照维修标准规范操作。
（6）整理，恢复作业场地。

六、评估

 活动总结

请根据工作过程撰写技术总结。

车载充电机的检查与维护作业 技术总结
1. 车载充电机的检查项目
2. 车载充电机的绝缘性能
3. 经验和不足

活动评价

1. 结果检验(表5-15)。

结果检验　　　　　　　　　　　　　　　表5-15

序号	检查项目	结果(打√或×)
1	高压维修工具检查步骤及结果正确	
2	高压维修工具使用方法正确	
3	高压防护及断电、验电操作规范	
4	车载充电机的绝缘性能检测正确	
5	实施过程中符合高压安全操作规范	
6	场地整理符合8S实训	

2. 根据下表进行学习过程评价表进行自评、互评、教师评价(表5-16)。

学习过程评价表　　　　　　　　　　　　　表5-16

车载充电机的检查与维护		实习日期:		
姓名:	班级:	学号:		教师签名:
自评:□熟练　□不熟练	互评:□熟练　□不熟练	师评:□合格　□不合格		
日期:	日期:	日期:		
车载充电机的检查与维护【评分细则】				
序号	评分项	得分条件	分值	评分要求	自评	互评	师评
1	安全/8S/态度	□1)能进行工位8S操作 □2)能进行工具安全检查 □3)能进行工具清洁、校准、存放操作 □4)能进行三不落地操作	15	未完成1项扣3分,扣分不得超过15分	□熟练 □不熟练	□熟练 □不熟练	□合格 □不合格
2	专业技能能力	□1)能正确地进行高压安全防护作业 □2)能正确地进行高压断电、验电作业 □3)能正确地检查车载充电机	40	未完成1项扣5分	□熟练 □不熟练	□熟练 □不熟练	□合格 □不合格
3	工具及设备的使用能力	□1)能正确地穿戴高压安全防护用具 □2)能正确地使用绝缘维修工具	20	未完成1项扣3分,扣分不得超过10分	□熟练 □不熟练	□熟练 □不熟练	□合格 □不合格

续上表

车载充电机的检查与维护【评分细则】							
序号	评分项	得分条件	分值	评分要求	自评	互评	师评
4	资料、信息查询能力	□1）能正确地使用维修手册查询资料 □2）能正确地记录所需维修信息	10	未完成1项扣3分	□熟练 □不熟练	□熟练 □不熟练	□合格 □不合格
5	数据判断和分析能力	□1）能判车载充电机的绝缘阻值	10	未完成1项扣3分	□熟练 □不熟练	□熟练 □不熟练	□合格 □不合格
6	表单填写报告的撰写能力	□1）字迹清晰 □2）语句通顺 □3）无错别字 □4）无涂改 □5）无抄袭	5	未完成1项扣1分，扣分不得超过5分	□熟练 □不熟练	□熟练 □不熟练	□合格 □不合格
总分：							

学习活动3　高压控制盒的检查与维护

情境描述 》》》

小王是某比亚迪新能源汽车4S店的维修工，接到工作任务：检查维护一辆比亚迪e5纯电动车辆，需要对该车辆的高压控制盒进行检查与维护。你能告诉小王如何对该车辆的高压控制盒进行检查与维护吗？

任务要求 》》》

请你根据情境描述，在规定的时间内，制订高压控制盒检查与维护作业方案并按照方案进行实施：

1. 请列出需要和车主沟通的内容；
2. 能查阅维修手册选择工具设备；
3. 查阅维修手册等资料，制订一份尽可能详细的高压控制盒检查与维护的作业流

程,并全面而细致地说明采取此方案的理由;

4. 能根据计划规范完成高压控制盒检查与维护作业,同时列出在操作过程中需要注意的事项。

 建议学时

6 学时

 知识链接

1. 高压控制盒的功能

新能源汽车高压控制盒,是一种电源分配单元,主要应用于纯电动汽车和插电式混合动力汽车。能够对整车高压配电进行管理,实现对各路输出分别控制,对高压安全进行管理,有过电流、过电压、过温保护功能,同时具备 CAN 通信功能,实时交换数据。新能源汽车通常在大功率的电力环境下运行,有的电压高达 700V 以上,电流高达 400A,对高压配电系统的设计及零部件的选用提出了巨大的挑战。高压电源通过高压电缆直接进入高压控制盒后,根据各车型系统的需要分配到系统高压电气部件,并且需要保证整个高压系统及各高压电器设备的安全性、绝缘性、电磁干扰屏蔽性等要求。

2. 高压控制盒的安装位置

不同车型的高压控制盒的安装位置和集成化程度均大不相同,有的集中单独安装在前机舱(例如北汽 EV200);有的集中单独安装在车辆尾部(例如比亚迪 e6);有的集成在动力蓄电池包内部(例如大众 ID.4、比亚迪秦等);有的与不同电控单元集成形成多个配电机构(例如吉利帝豪 EV450)。2019 款比亚迪 e5 车载充电机与 DC/DC 变换器、高压配电盒集成在一起,合称"充配电三合一",安装在前机舱内,如图 5-12 所示。

图 5-12 高压控制盒安装位置

3. 高压控制盒的结构

1) 外部结构

2019 款比亚迪 e5 电动汽车高压控制盒的外部结构,如图 5-13 所示。

动力蓄电池包直流母线输出至充配电总成后,分配至电驱动三合一、DC/DC 变换器、电动空调压缩机、PTC 水加热器等高压部件。同时交直流充电高压线束也经由充配电总成返回动力蓄电池包,系统框图,如图 5-14 所示。

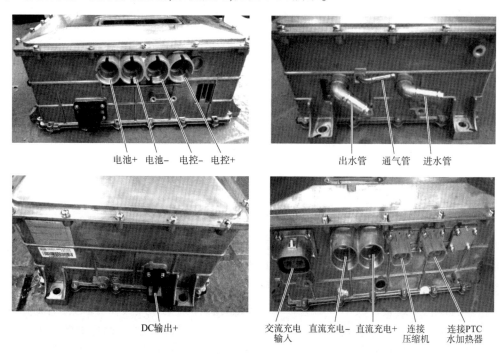

图 5-13　充配电总成外部结构

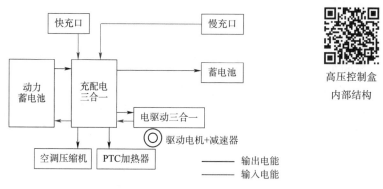

图 5-14　高压系统框图

2)内部结构

拆下 2019 款比亚迪 e5 电动汽车充配电总成的上盖,可以看到其内部结构,如图 5-15 所示。内部含有直流快充接触器(正、负)、车载充电机、DC/DC 变换器、三个熔断器(车载充电机、DC/DC 变换器、空调配电)、直流充电接触器烧结检测以及高压连接片。

4. 高压控制盒的工作原理

高压控制盒相当于一个高压电路的交通枢纽,电动汽车动力蓄电池经过高压控制盒的分配为整个高压系统提供高压直流电,通过整车控制器 VCU 的控制管理,一部分电能供给电机控制器、空调压缩机、PTC 加热器,一部分经过 DC/DC 变换器将高压直流电转换为低压直流电,供给低压蓄电池,为整车低压电气系统提供低压电源。

图 5-15　充配电总成内部结构

5.高压控制盒的检查与维护

1)检查高压控制盒外壳

检查高压控制盒的外观,检查外壳是否磕碰、损伤,外壳是否变形破损,必要时进行更换。

2)检查高压控制盒线束

检查高压控制盒连接线束是否破损、高低压线束连接是否松动。

3)检查高压控制盒固定螺栓

检查高压控制盒固定螺栓是否锈蚀,紧固力矩是否正常。

4)检查高压控制盒的绝缘性能

检查高压控制盒的绝缘性能,需要绝缘电阻测试仪测量绝缘电阻,将负表笔与电缆外壳或车身搭铁点连接,正表笔分别测量车载充电机的高压端子,单击测试键进行读数,测得绝缘电阻,与标准值进行比较,判断其绝缘性能是否正常。

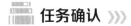 **任务确认** 》》》

1.请认真阅读工作情境描述,用彩笔标记关键词,用一句话总结你需要完成的任务及要求。

工作要求

2.现需要与班组长(教师)进行沟通并确认车辆或者设备等相关信息,请你列出需要问的问题(表5-17)。

沟通问题　　　　　　　　　　　　　　　　　　　　　　表5-17

序号	问题
1	
2	
3	
4	

三 决策

人员安排

请小组商量后,决定每个同学的角色及分工(表5-18)。

角色及分工　　　　　　　　　　　　　　　　　　　　　表5-18

组员	角色及分工
学员A	操作员1
学员B	操作员2(辅助)
学员C	观察记录员
学员D	安全管理员

工具准备

请根据相应的任务需求,列出所需的工具设备清单(表5-19)。

工具设备清单　　　　　　　　　　　　　　　　　　　　表5-19

序号	工具及材料名称	单位	数量	备注
1	高压防护服	件	6	
2	绝缘靴	双	6	
3	安全帽	个	6	
4	护目镜	个	6	
5	绝缘手套	副	6	
6	万用表、绝缘电阻测试仪	块	6	
7	绝缘工具套装	套	3	
8	车辆	台	3	

注意事项

请根据操作条件及故障诊断的需求,列举出操作时的注意事项(表5-20)。

操作注意事项　　　　　　　　　　　　　　　表5-20

序号	维修工序内容	备注
1	查阅检验标准手册,查找问题,制订流程	
2	个人防护用品外观、性能及密封性检测	
3	防护用品试穿(戴)	
4	外观及连接检查	
5	绝缘性能检测	
6	车辆上电前要报告教师,批准后可上电	
7	严格按照规范流程操作	
8	复检	

信息归纳

1. 查阅资料,了解高压配电盒检查与维护作业的基本要求,与小组内成员讨论,归纳总结,填写在表5-21中。

归纳基本要求　　　　　　　　　　　　　　　表5-21

序号	基本要求
1	
2	
3	
4	

2. 编制高压配电盒检查与维护作业的实施流程。

相关内容记录
(1)车辆信息记录
(2)车载高压配电盒的检查与维护作业方案编制

新能源汽车高压系统检查与维护

3. 教师对各小组的制订的故障检修方案进行点评,并进行修改完善。

优化后的实施方案

四  实施

高压配电盒的检查与维护操作流程见表 5-22。

操作流程　　　　　　　　　　　　　　　　表 5-22

高压配电盒的检查与维护	
 检查高压配电盒外观	(1)检查外壳是否磕碰、损伤,外壳是否变形破损
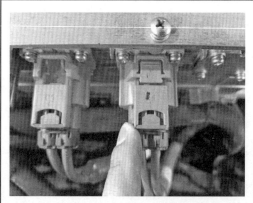 检查高压配电盒连接线束	(2)检查高压控制盒连接线束是否破损、高低压线束连接是否松动

续上表

高压配电盒的检查与维护	
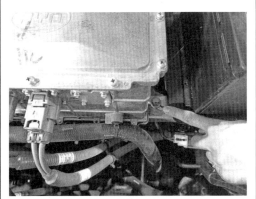 检查高压配电盒机固定螺栓	(3)检查高压控制盒螺栓有无锈蚀,紧固力矩
 检查高压配电盒的绝缘性能	(4)将绝缘表负表笔与电缆外壳或车身搭铁点充分有效连接,正表笔分别测量高压端子,测量绝缘性能

五 检查

(1)万用表使用方法正确,并在使用前规范校准万用表。

(2)绝缘电阻表使用方法正确,并在使用前规范校准绝缘电阻表。

(3)测量操作时动作规范标准,在测量时注意不能造成电路元器件及测量工具的损坏。

(4)正确检查高压控制盒的绝缘性能。

(5)按照维修标准规范操作。

(6)整理,恢复作业场地。

六 评估

活动总结

请根据工作过程撰写技术总结。

高压控制盒的检查与维护作业 技术总结
1. 高压控制盒的检查项目
2. 高压控制盒的绝缘性能
3. 经验和不足

活动评价

1. 结果检验（表 5-23）。

结果检验　　　　　　　　　　　　　　　表 5-23

序号	检查项目	结果（打√或×）
1	高压维修工具检查步骤及结果正确	
2	高压维修工具使用方法正确	
3	高压防护及断电、验电操作规范	
4	高压控制盒的绝缘性能检测正确	
5	实施过程中符合高压安全操作规范	
6	场地整理符合 8S 实训	

2. 根据下表进行学习过程评价表进行自评、互评、教师评价(表5-24)。

学习过程评价表　　　　　　　　　　　　　　　　　　　表 5-24

高压控制盒的检查与维护			实习日期：	
姓名：	班级：		学号：	教师签名：
自评：□熟练　□不熟练	互评：□熟练　□不熟练		师评：□合格　□不合格	
日期：	日期：		日期：	
高压控制盒的检查与维护【评分细则】							

序号	评分项	得分条件	分值	评分要求	自评	互评	师评
1	安全/8S/态度	□1)能进行工位8S操作 □2)能进行工具安全检查 □3)能进行工具清洁、校准、存放操作 □4)能进行三不落地操作	15	未完成1项扣3分,扣分不得超过15分	□熟练 □不熟练	□熟练 □不熟练	□合格 □不合格
2	专业技能能力	□1)能正确地进行高压安全防护作业 □2)能正确地进行高压断电、验电作业 □3)能正确地检查高压控制盒	40	未完成1项扣5分	□熟练 □不熟练	□熟练 □不熟练	□合格 □不合格
3	工具及设备的使用能力	□1)能正确地穿戴高压安全防护用具 □2)能正确地使用绝缘维修工具	20	未完成1项扣3分,扣分不得超过10分	□熟练 □不熟练	□熟练 □不熟练	□合格 □不合格
4	资料、信息查询能力	□1)能正确地使用维修手册查询资料 □2)能正确地记录所需维修信息	10	未完成1项扣3分	□熟练 □不熟练	□熟练 □不熟练	□合格 □不合格
5	数据判断和分析能力	□1)能判高压控制盒的绝缘阻值	10	未完成1项扣3分	□熟练 □不熟练	□熟练 □不熟练	□合格 □不合格
6	表单填写报告的撰写能力	□1)字迹清晰 □2)语句通顺 □3)无错别字 □4)无涂改 □5)无抄袭	5	未完成1项扣1分,扣分不得超过5分	□熟练 □不熟练	□熟练 □不熟练	□合格 □不合格
总分：							

学习活动4　高压附件的检查与维护

一　资讯

情境描述

小王是某比亚迪新能源汽车4S店的维修工,接到工作任务:检查维护一辆比亚迪e5纯电动车辆,需要对该车辆的高压附件进行检查与维护。你能告诉小王如何对该车辆的高压控制盒进行检查与维护吗?

任务要求

请你根据情境描述,在规定的时间内,制订高压附件检查与维护作业方案并按照方案进行实施:

1. 请列出需要和车主沟通的内容;
2. 能查阅维修手册选择工具设备;
3. 查阅维修手册等资料,制订一份尽可能详细的高压附件检查与维护的作业流程,并全面而细致地说明采取此方案的理由;
4. 能根据计划规范完成高压控制盒检查与维护作业,同时列出在操作过程中需要注意的事项。

建议学时

6学时

二　计划

知识链接

1. 外部结构

2019款比亚迪e5电动汽车充配电总成的外部结构,如图5-16所示。

高压线束是电动汽车里面的高压电缆和高压接口,在整车运行当中是连接所有重要部件非常关键连接件。

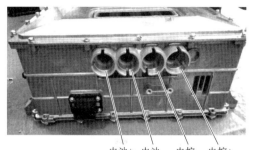

图 5-16　充配电总成外部结构

2. 线束常用规格

汽车线束内的电线常用规格有截面积 0.5mm²、0.75mm²、1.0mm²、1.5mm²、2.5mm²、4.0mm²、6.0mm² 等，它们各自都有允许负载电流值，配用于不同功率用电设备的导线。

3. 常用材料

1）波纹管

波纹管，如图 5-17 所示，在线束包扎中一般占到 60% 左右，甚至更多，其主要的特点就是有较好的耐磨性、耐高温性、阻燃性和耐热性。波纹管的耐热温度在 -40℃～150℃ 范围内。前机舱线束工作环境恶劣，因此大部分需用高阻燃性、防水、机械强度高的波纹管包扎；底盘线束因与车体接触部位较多，因此用波纹管包扎，防止线束磨损。

2）PVC 管

PVC 管的功用和波纹管差不多，如图 5-18 所示，其柔软性和抗弯曲变形性较好，而且 PVC 管一般为闭口，所以 PVC 管主要用于线束拐弯的分支处，以便使导线圆滑过渡。PVC 管的耐热温度不高，一般在 80℃ 以下。

3）胶带

胶带在线束中起到捆扎、耐磨、绝缘、阻燃、降噪、作标记等作用，在包扎材料中一般占到 30% 左右。线束用胶带一般分为 PVC 胶带、气绒布胶带和布基胶带三种。仪表线工作空间较小，环境相对较好，可用胶带全缠或花缠。门线和顶篷线工作空间较小,可用胶带全缠,部分枝干可用工业塑料布包扎;较细的顶篷线可直接用海绵胶带粘在车身上。

图 5-17　波纹管

图 5-18　PVC 管

4. 高压线束功能

汽车线束是汽车电路的网络主体,连接汽车内部各种电子电气部件。如果把现代汽车比作人体,ECU 相当于人的大脑,发动机相当于人的心脏,底盘相当于人的双腿,机油相当于人的血液,传感器相当于感觉器官,执行元件相当于运动器官,而线束就相当于人的神经脉络了。

在目前,无论是高级豪华汽车还是经济型普通汽车,线束的组成形式基本上是一样的,都是由电线、连插件和包裹胶带组成的。它既要确保传送电信号,也要保证连接电路的可靠性,向电子电气部件供应规定的电流值,并防止对周围电路的电磁干扰。

5. 高压线束应达到的性能要求

高压电缆承载的电流较大,线束的直径随之变粗,这使布线走向以及电磁干扰和屏蔽就显得非常重要。高压线束要在车内的较小空间布置,必须有良好的柔软性;高压线束处于车上的高振动环境,必须有良好的耐磨性;为避免车内走线的安全隐患,高压线束一般从外部穿过,必须有良好的机械防护。

（1）电压要求。根据电动汽车的电压级别为 B 级,整车高压的额定电压为 DC 1000V、AC 660V;高压线束的额定电压需略高于整车额定电压,规定高压线束的额定电压为 AC 750V。

（2）耐电压。根据 GB/T 18488—2024,彼此无电连接的电路之间介电强度应能耐受（2UC + 1000）的试验电压,即在线束与部件脱开的情况下,线束对车体耐电压 AC2500V/50Hz/1min,漏电流不超过 10mA,不发生闪烁击穿现象。

（3）绝缘电阻。根据 SAEJ1742,绝缘电阻测试电压为 DC 1000V,在线束与所连接部件脱开的情况下,线束对车体绝缘电阻在任何情况下均应大于 100MΩ。

（4）阻燃要求。线束所用的材料要求阻燃等级为 UL94V-0。

（5）较高的电磁屏蔽要求。针对汽车行驶中高振动状态下对插接器及线束电性能高可靠性的要求,采用较高可靠性的线缆与屏蔽外层绝缘。

（6）防误插设计。

（7）优越的耐冲击和振动能力。线束采用两次自锁结构,锁紧后可听到清晰的锁紧声。

（8）盐雾要求。

6. 高压线束设计原则

1）双线制设计

电动汽车高压部件一般有动力蓄电池、空调压缩机、电动暖风和驱动电机、充电机和 DC/DC 变换器。由于高压部件多为大功率器件，为保证运转良好安全无漏电，高压电气系统设计均采用双线制。

2）高低压系统分离式设计

将高低压线束分离开来，避免将高压系统产生的电磁干扰引入低压系统，保证低压系统通信、控制信号不受干扰。

3）线束的保护套

保护套包括波纹管、热缩套管，波纹管的颜色为橙色。针对极性不同，采用不同颜色的热缩套进行区分，正极为红色，负极为黑色；U 相为黄色，V 相为绿色，W 相为红色。

4）高压电缆从类型

高压电缆分为单芯电缆和多芯电缆，其截面应为圆形，保护套颜色为橙色，其中多芯电缆由多个单芯线组成。

7. 电动汽车高压线束分布

电动汽车整车共分为五段高压线束，分别为动力蓄电池高压线束、电机控制器高压线束、快充线束、慢充线束、高压附件线束等。

1）动力蓄电池高压线束

动力蓄电池高压线束是连接动力蓄电池到高压控制盒之间的高压线束，如图 5-19 所示。

2）电机控制器高压线束

电机控制器高压线束是连接高压控制盒到电机控制器之间的高压线束，如图 5-20 所示。

图 5-19　动力蓄电池母线

图 5-20　电机控制器线束

3)快充线束

快充线束是连接快充口到高压控制盒之间的高压线束,如图 5-21 所示。

4)慢充线束

慢充线束是连接慢充口到车载充电机之间的高压线束,如图 5-22 所示。

图 5-21　快充线束

图 5-22　慢充线束

5)高压附件线束

高压附件线束是连接高压控制盒到空调压缩机、空调 PTC 之间的高压线束。

8. 检查与维护高压附件

1)检查高压线束外观

检查高压线束外观,如图 5-23 所示,目测检查高压线束过线孔、过线护套等防护是否完好,线束是否出现磨损,底盘高压线缆保护套有无进水、老化、破损,高压线克固定卡子有无损坏。

2)检查高压线束插头

目测检查高压线束电缆与插接器插件之间是否松动,线束根部有无过热、变形、松脱现象,如图 5-24 所示。

图 5-23　检查高压线束外观

图 5-24　检查高压线束插头

3)检查高压线束的绝缘性能

电动汽车较高的工作电压对高压系统与车辆底盘之间的绝缘性能提出了更高的

要求。为了消除高压系统对人员和车辆的潜在威胁,需要检测其绝缘性能,才能保证电动汽车的高压电气安全性。

(1)绝缘电阻要求。

在最大工作电压下,直流电路绝缘电阻的最小值应至少大于100Ω/V,交流电路应至少大于500Ω/V。整个电路为满足以上要求,依据电路的结构和组件的数量,每个组件应有更高的绝缘电阻。

(2)高压线束绝缘性能检测方法。

以检测电机控制器高压线束为例,检测其绝缘性能。检查方法为:使用绝缘表笔测量绝缘电阻,将表笔正极与线束内芯接触,表笔负极与线束外壳或车身搭铁点充分有效连接,单击测试键进行读数,测得绝缘电阻,与标准值进行比较,判断其绝缘性能是否正常,如图5-25所示。

图5-25 测量高压线束绝缘电阻

任务确认

1.请认真阅读工作情境描述,用彩笔标记关键词,用一句话总结你需要完成的任务及要求。

工作要求

2.现需要与班组长(教师)进行沟通并确认车辆或者设备等相关信息,请你列出需要问的问题(表5-25)。

沟通问题　　　　　　　　　　　　　　　　　　表5-25

序号	问题
1	
2	
3	
4	
5	

新能源汽车高压系统检查与维护

三、决策

人员安排

请小组商量后,决定每个同学的角色及分工(表5-26)。

角色及分工　　　　　　　　　　　表5-26

组员	角色及分工
学员A	操作员1
学员B	操作员2(辅助)
学员C	观察记录员
学员D	安全管理员

工具准备

请根据相应的任务需求,列出所需的工具设备清单(表5-27)。

工具设备清单　　　　　　　　　　　表5-27

序号	工具及材料名称	单位	数量	备注
1	高压防护服	件	6	
2	绝缘靴	双	6	
3	安全帽	个	6	
4	护目镜	个	6	
5	绝缘手套	副	6	
6	万用表、绝缘电阻测试仪	块	6	
7	绝缘工具套装	套	3	
8	车辆	台	3	

注意事项

请根据操作条件及故障诊断的需求,列举出操作时的注意事项(表5-28)。

操作注意事项　　　　　　　　　　　　　　　　　　　　　表5-28

序号	维修工序内容	备注
1	查阅检验标准手册，查找问题，制订流程	
2	个人防护用品外观、性能及密封性检测	
3	防护用品试穿（戴）	
4	外观及连接检查	
5	绝缘性能检测	
6	车辆上电前要报告教师，批准后可上电	
7	严格按照规范流程操作	
8	复检	

信息归纳

1. 查阅资料，了解高压附件检查与维护作业的基本要求，与小组内成员讨论，归纳总结，填写在下表中（表5-29）。

归纳基本要求　　　　　　　　　　　　　　　　　　　　　表5-29

序号	基本要求
1	
2	
3	
4	
5	

2. 编制高压附件检查与维护作业的实施流程。

相关内容记录
（1）车辆信息记录
（2）高压附件的检查与维护作业方案编制

新能源汽车高压系统检查与维护

3. 教师对各小组的制订的故障检修方案进行点评,并进行修改完善。

优化后的实施方案

四  实施

高压附件的检查与维护操作流程见表5-30。

操作流程　　　　　　　　　　　　　　　　　　　　　　表5-30

高压附件的检查与维护	
 检查高压配电盒外观	(1)检查外壳是否磕碰、损伤,外壳是否变形破损
 检查高压配电盒连接线束	(2)检查高压控制盒连接线束是否破损、高低压线束连接是否松动

续上表

高压附件的检查与维护	
 检查高压配电盒机固定螺栓	（3）检查高压控制盒螺栓有无锈蚀，紧固力矩
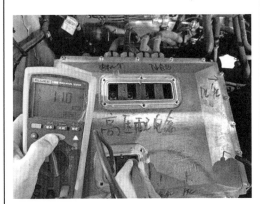 检查高压配电盒的绝缘性能	（4）将绝缘表负表笔与电缆外壳或车身搭铁点充分有效连接，正表笔分别测量高压端子，测量绝缘性能

五、检查

（1）万用表使用方法正确，并在使用前规范校准万用表。

（2）绝缘电阻表使用方法正确，并在使用前规范校准绝缘电阻表。

（3）测量操作时动作规范标准，在测量时注意不能造成电路元器件及测量工具的损坏。

（4）正确检查高压附件的绝缘性能。

（5）按照维修标准规范操作。

（6）整理，恢复作业场地。

六、评估

活动总结

请根据工作过程撰写技术总结。

高压附件的检查与维护作业 技术总结
1. 高压附件的检查项目
2. 高压附件的绝缘性能
3. 经验和不足

活动评价

1. 结果检验（表5-31）。

结果检验　　　　　　　　　　　　　　　表5-31

序号	检查项目	结果（打√或×）
1	高压维修工具检查步骤及结果正确	
2	高压维修工具使用方法正确	
3	高压防护及断电、验电操作规范	
4	高压附件的绝缘性能检测正确	
5	实施过程中符合高压安全操作规范	
6	场地整理符合8S实训	

2. 根据下表进行学习过程评价表进行自评、互评、教师评价（表5-32）。

学习过程评价表

表 5-32

高压附件的检查与维护		实习日期：		教师签名：
姓名：	班级：	学号：		
自评：□熟练 □不熟练	互评：□熟练 □不熟练	师评：□合格 □不合格		
日期：	日期：	日期：		

高压附件的检查与维护【评分细则】							
序号	评分项	得分条件	分值	评分要求	自评	互评	师评
1	安全/8S/态度	□1）能进行工位 8S 操作 □2）能进行工具安全检查 □3）能进行工具清洁、校准、存放操作 □4）能进行三不落地操作	15	未完成 1 项扣 3 分，扣分不得超过 15 分	□熟练 □不熟练	□熟练 □不熟练	□合格 □不合格
2	专业技能能力	□1）能正确地进行高压安全防护作业 □2）能正确地进行高压断电、验电作业 □3）能正确地检查高压附件	40	未完成 1 项扣 5 分	□熟练 □不熟练	□熟练 □不熟练	□合格 □不合格
3	工具及设备的使用能力	□1）能正确地穿戴高压安全防护用具 □2）能正确地使用绝缘维修工具	20	未完成 1 项扣 3 分，扣分不得超过 10 分	□熟练 □不熟练	□熟练 □不熟练	□合格 □不合格
4	资料、信息查询能力	□1）能正确地使用维修手册查询资料 □2）能正确地记录所需维修信息	10	未完成 1 项扣 3 分	□熟练 □不熟练	□熟练 □不熟练	□合格 □不合格
5	数据判断和分析能力	□1）能判高压线束的绝缘阻值	10	未完成 1 项扣 3 分	□熟练 □不熟练	□熟练 □不熟练	□合格 □不合格
6	表单填写报告的撰写能力	□1）字迹清晰 □2）语句通顺 □3）无错别字 □4）无涂改 □5）无抄袭	5	未完成 1 项扣 1 分，扣分不得超过 5 分	□熟练 □不熟练	□熟练 □不熟练	□合格 □不合格
总分：							

习题

一、填空题

1. 2019 款比亚迪 e5 充配电总成集成了_____、_____、_____,合称"充配电三合一"。

2. 2019 款比亚迪 e5 充配电总成内部含有_____、车载充电机、DC/DC 变换器、_____、_____以及高压连接片。

3. 车载充电机内部主要由_____、_____、_____三部分组成。

4. 高压控制盒将动力蓄电池包的高压电分配至_____、DC/DC 变换器、_____、_____等高压部件。

5. 电动汽车整车共分为五段高压线束,分别为_____线束、电机控制器高压线束、快充线束、慢充线束、_____线束。

二、选择题

1. DC/DC 变换器输出的低压直流电压的范围是(　　)。
   A. 9.5～12V　　B. 10～12V　　C. 13.5～14V　　D. 14.5～16V

2. DC/DC 变换器是实现将高压(　　)转换为低压(　　)。
   A. AC;AC　　B. DC;DC　　C. AC;DC　　D. DC;AC

3. 缺少预充电阻会造成的后果是(　　)。
   A. 烧毁主继电器　　　　　　B. 损坏车载充电机
   C. 蓄电池管理系统不能运行　　D. 车辆仍然可以正常行驶

4. 固定安装在电动汽车上,将公共电网的电能变换为车载储能装置所要求的直流电,并给车载储能装置充电的设备叫作(　　)。
   A. DC/DC 变换器　B. 车载充电机　C. 高压控制盒　D. 电机控制器正确

5. 高压线束应该达到的性能要求是(　　)。
   A. 充电器　　B. 直流充电　　C. 充电口　　D. 交流充电

三、判断题

1. 新能源汽车里的 DC/DC 变换器的功能相当于传统燃油汽车中的发电机。
(　　)

2. 新能源汽车高压配电盒,也称高压控制盒,是一种电源分配单元,主要应用于纯电动汽车和插电式混合动力电动汽车。(　　)

3. DC/DC 变换器既有降压的作用,还有升压的作用。(　　)

4. 在车上电器设备关闭的情况下,车辆上电后测得低压蓄电池的电压为12V,则说明 DC/DC 变换器工作正常。(　　)

5. 高压电源通过高压电缆直接进入高压控制盒后,根据各车型系统的需要分配到系统高压电气部件,并且需要保证整个高压系统及各高压电器设备的安全性、绝缘性、电磁干扰屏蔽性等要求。(　　)

四、简答题

1. 2019 款比亚迪 e5 进店进行检查与维护,请写出 DC/DC 变换器检查与维护作业的步骤。

2. 2019 款比亚迪 e5 进店进行检查与维护,请写出高压附件检查与维护作业的步骤。

本教材配套数字资源列表

序号	资源名称	资源类型	所在位置
1	个人防护用品检查	视频	6
2	高压下电、验电	视频	26
3	心肺复苏	视频	36
4	动力蓄电池冷却系统检查	视频	83
5	驱动电机减速器检查	视频	124
6	慢充系统检查	视频	139
7	DC/DC 变换器检查	视频	164
8	车载充电机内部结构	视频	171
9	高压控制盒内部结构	视频	180

参 考 文 献

[1] 吴海东,袁牧,苏庆列.新能源汽车动力电池及管理系统检修[M].北京:机械工业出版社,2022.

[2] 王景智,梁东确,江军.新能源汽车驱动电机及控制系统检修[M].北京:机械工业出版社,2023.

[3] 王雷,史赛赛.新能源汽车维护与故障诊断[M].江苏:江苏人民出版社,2020.

[4] 魏垂浩,冯文茜.新能源汽车电池及管理系统检修[M].江苏:江苏人民出版社,2020.